NGOU
HIGUANG

◎著

郫旧时光

成都时代出版社
CHENGDU TIMES PRESS

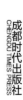

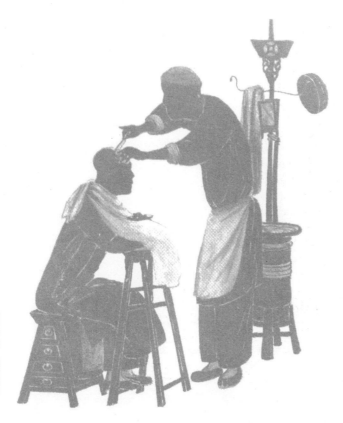

第二辑

天府文化书系

图书在版编目（CIP）数据

成都旧时光/朱晓剑著．－－成都：成都时代出版社，2017.9

ISBN 978-7-5464-1935-0

Ⅰ．①成…　Ⅱ．①朱…　Ⅲ．①风俗习惯－成都　Ⅳ．① K892.471.1

中国版本图书馆 CIP 数据核字（2017）第 235701 号

成 都 旧 时 光

CHENGDU JIUSHIGUANG

朱晓剑　著

出 品 人	石碧川
责任编辑	蒋雪梅
责任校对	张　巧
装帧设计	上承堂 028-86089658
责任印制	干燕飞

出版发行　成都时代出版社
电　　话　（028）86742352（编辑部）
　　　　　（028）86615250（发行部）
网　　址　www.chengdusd.com
印　　刷　成都翔川印务有限责任公司
规　　格　140mm×210mm
印　　张　7.5
字　　数　160 千
版　　次　2017 年 10 月第 1 版
印　　次　2017 年 10 月第 1 次
书　　号　ISBN 978-7-5464-1935-0
定　　价　35.00 元

自序 | 成都人的耍法

　　在成都生活得越久，就越为点滴生活着迷。因之，不管是逛新旧书店，还是跟老成都人喝茶摆龙门阵，许多故事看似熟悉，变成这座城市的常识之一，但在不同的叙述者看来，又有不同的趣味。记得有一次，跟几位老先生聊天，听说了许多故事，我用"闻所未闻"来形容。这不是夸张的说法，随着对成都的日常生活探索的时间愈久，就为那些点滴故事感叹。

　　所谓民俗，在我看来亦是日常生活的反映，或如成都人所言的"家常"。这种"家常"说白了就是每天的生活而已。其内容无非是吃喝玩乐的投影。一百年来，成都生活发生的变化，在内陆城市当中不是最大的一个，许多民俗追溯起来都还能够找到旧影，有轨迹可循，才使城市文化不至于断裂。但如果仔细考察，或许不难发现，一九四九年是成都民俗演变的分水岭，这是因"革命"的需要，一些民俗活动已不适应新时期的要求，于是被取缔、消灭，但在民间它依然残存了下来，那一点点记忆与其说是怀旧过去的美好，不如说是对当下的生活有太多的不解。

成都人日常生活的耍法，在一百年里发生了多少变迁，已不可细数；倘仔细谈来，也极为有趣，但对当事人而言，可能并不是"有趣"就能涵盖得了的，这其中也还包括了日常生活的诸多现实问题。

　　游乐是成都的一大市井风景。在成都的历史上官民共同游乐是最常见的，唐宋时期尤其是这样，如岁时游，几乎每个月都有游乐的主题，且在不同的时代演变出的花样也十分丰富，形成独特的游乐民俗。其次是独有的"遨头""遨床"游，宋时太守宋祁带头遨游，老百姓带着板凳游乐。再就是土俗土风游乐，除了其他城市共有的一些土俗土风旅游外，成都有三种土俗旅游最特殊：礼拜杜鹃鸟（杜鹃是蜀王杜宇啼血的象征，蜀人见杜鹃鸟即认为是望帝之魂而要跪拜祭礼）、拜川主（即拜大禹、李冰和二郎神）、拜马头娘（养蚕之祖，即螺祖）。在成都人的眼里，几乎每一天过的生活都是良辰美景（当然生活中不如意的事也会时有发生）。

　　每年灯会上风光流韵至今让人念念不忘，就是因在灯会上常常遇见好吃好耍的，且每年的花样看似雷同，细分却又有些许变化。东汉时期就出现过"原始灯会"，不过成都人怕说的历史太长，不大靠谱，且从唐朝开始算起，青羊宫的道灯、昭觉寺的佛灯、大慈寺南的水灯，都奇绝精致、辉煌夺目，确是事实。稍后的花蕊夫人有诗说："半夜船游载内家，水门红蜡一行斜。圣人只在宫中饮，宣使池头旋折花。"观灯、猜灯谜、尝小吃，是灯

会每年都有的节目。民国年间的竹枝词云："观罢灯轮已隔宵，踏青出郭且小妖。可怜袅袅笐枝杖，扶过长桥又短桥。"成都的娱乐风气可见一斑。如今，这灯会依然在延续着，每年观赏灯会的人多达几十上百万，那是春节最热闹的聚会。

昔年成都花会上，那是怎样的争奇斗艳，不管是有钱人还是普通百姓，都能展示出各自的风采：美女穿着时尚的服饰，头饰也是新花样，赶青羊宫花会，交通工具也各不相同。即便是花会的现场，也还是有小吃、打金章，各地物品的展销更是寻常节目，茶馆里座无虚席，几大饭馆临时搭建的建筑，让人看到了成都的繁荣。民国十二年，刘师亮写道："城市纷纷有若狂，今年更比往年强。乡间妇女尤高兴，背起娃娃赶会场。"或在更久远一些的历史中探寻花会的奥秘，不难发现，花会是成都文化娱乐的一道缩影。

在民国年间，成都生活也充满了不同的故事，保路运动、军阀混战，无不将成都生活带入到一片新天地里去。抗战时期，成都人的生活因大量的外地人涌入，多了几分活力。在文化上，华西坝上的五大学，继王闿运之后，又再度焕发了青春，哪怕是保守的成都大学也还有一些新气象。作家、艺术家等文化人大量地进来，让成都文化一时群星灿烂，叶圣陶、朱自清、朱光潜、钱穆、张大千、齐白石、傅抱石、刘开渠等等，他们在艰苦岁月里各自演绎出了精彩故事，至今依然为老成都人所称道。如果没有这些，成都的风气可能一如昔年。单就成都的艺术而言，若没有抗战时期各界艺术家云集成都，也难以带来文艺的新风尚，称"成都（天府）画派"更是奢谈。

在成都文化一点的耍法也是有不少的，比如名贵的蜀锦、薛涛所做的薛涛笺，早年间的蜀扇（如今的成都扇画多也与此相关），雕版印刷带来的书业革命，与饮食相关的如酒可以追溯到扬雄的《蜀都赋》，酒杯在成都被称为"文杯"，司马迁说，家有漆杯千枚，可比千乘之家。又或者与苏州园林不同的川园子、独树一帜的成都盆景（三大盆景流派之一），都有不容小窥的地方。这当然也包括古琴也有值得记一笔的可能，比如琴台路遗址，以及成都的娱乐文化如说唱俑，大都是不同娱乐风格的呈现。至于各种雅集文化，几乎每天都在成都上演。在这样的氛围中生活，才能懂得什么是休闲。

如今的成都生活，以休闲、安逸为要，其实这跟成都千百年来的文化基因相关，如游乐的风气、享受茶馆的风景、饮食上的探求，无不彰显出成都人的文化品位。农家乐的流行让传统耍法发生了改变，却延续了耍的风格。在传统历史研究者看来，这是一种盆地意识，只见自己周边的生活，看不见世界的趋势。从某种程度上看，确实如此，但成都是属于世界的一部分，而不是孤立存在的岛屿，与外界发生的种种关系，也在潜移默化地改变着成都生活。最近几年，成都在娱乐产业、饮食生活、汽车、奢侈品消费上，显示出了相当大的经济活力，以此带动的是城市生活多元而繁复。

　　成都人的耍法，是因地制宜，耍得自在。千百年来，生活在这座城市的人更注重的是生活质量，能够及时地调整心态，以适应生活的变化。以成都人坐茶馆为例，向来茶馆有成都人的第二客厅之说。旧时成都人多是外来人口，居住条件差，若家里随意来几个人，就显示出居住的逼仄来，因之在茶馆里会客也就成为习惯之一。且此时的茶馆所提供的服务项目众多，不仅仅是可以喝茶，也还可以洗脸泡脚，似乎在茶馆里就可解决日常生活中所需的种种。这种风气如今早已不存，但坐茶馆也还是保留下来。简言之，坐茶馆不只是为茶的滋味，而是茶里乾坤，有闲情有激情，从茶里出发开始一天的生活，更多的是成都人的生活哲学。朋友聚会常常是在茶馆里进行，这不像北方人，遇到朋友来访，非得到家里坐坐不可，且以吃家宴为待客之道。这种地域文化的差异，正是显示出对流风民俗的继承。当我们深入到历史的底部，就容易发现，一切历史都是当代史。它与当下的生活息息相关。在社会学家看来，这也是现实政治的一种。在成都这座城里，每天遇到的人和事，回头在某册书里相遇到类似的场景，就不会觉得新鲜，但亦很好奇这其中的演变。太阳底下无新事而已。仅仅是这样的解释，恐怕很难说明问题之所在。

　　在某种程度上，茶馆也有自己的江湖。袍哥是成都特有的人群，不"拉稀摆带"是做事风格。《成都通览》里记录的袍哥话，如兄弟伙（侄辈伙）、嗨玩几天（玩耍）、掷红（说闲话）、扎起（帮忙）……可见昔日的江湖习惯，有些已转化成方言，在今天的日常生活中依然使用。由此也可窥见成都方言的丰富。

在众多的娱乐活动中，少不得有川剧，以及形形色色的曲艺活动。川剧初无正式剧院，多借用庙宇及会馆舞台演出。1906年，始有可园，两年后，悦来茶园建成，有名川剧团体三庆会长期在此演出，贾培之、萧楷臣、康芷林、周慕莲等均在此演出，吸引了大量戏迷。后来，扩展到茶园也在演戏，但悦来茶园一直是川剧的窝子，那是川剧的黄金时代。此外就是附设于茶舍的书场，如钟晓帆的评书、贾树三的竹琴、李莲生和李德才的扬琴、李月秋的清音、邹忠新的金钱板等都风靡一时，像荷叶、盘子、相书、谐剧、大鼓、相声，也曾吸引不同的粉丝。在上个世纪九十年代，巴蜀笑星火得不得了，李伯清、刘德一、沈伐等也是风光一时。不过，随着娱乐方式的增多，笑星受到的关注就少多了。

《成都旧时光》，在梳理成都人的旧民俗之时，也在尝试探求其来源和演变的过程。杜甫有诗句"美酒成都堪送老，当垆仍是卓文君"。这大概可以用来解构成都生活的诸多可能性之一。早些年，我一直觉得像老城市这样的书，已有多人书写，似没有重写的价值。但在阅读这样那样史料的过程中，总有可能发现尽管一些人是某些事件的亲历者，看似其所讲述的故事客观，但放置于大的历史背景下来考察，就会失之于局部，在事件判断上固然是从"我"出发，却难以达到史学的高度。这或许跟不同时期的耍法变迁相关。这犹如故事的两人对话中存在的差异，是因具体环境所造成的，却无关于整个耍法的宏旨。因之，也就在想尝试以新的方式来叙述城市生活。

那么，这一册《成都旧时光》，就是这些年的发现与见闻的集合了。这民俗一定洋洋大观，趣味无穷。在谈到过往民俗时，这不免让我想起，所谓历史的真相不在于我们以怎样的视角给以重构，而是试图还原它所赖以存在的真相。好玩也是这样一种概念。在不同的人群看来，好玩与否，也并没有一个客观、标准的概念，这里所阐释的好玩，是基于我对成都生活的认知而发现的"好玩"。宋时刘子翚有《兼道携古墨来感之为作此诗》："吾闻李氏据江左，文采风流高一代。当时好玩不独此，器用往往穷奢汰。"这里说的是供赏玩的物品，又或者生活的好玩即能引人兴趣的要法。且不管怎样，我们无法忽略的现实语境是，不同的时代有各自的要法，而具体到每个人，要法也是各不相同的。那么，所谓的好玩，就是大众所习见的种种玩法吧。

生活在继续，要法也在继续，但这种继续是有继承有变迁的。因此，在日常生活中，我们无法苛求一成不变的要法，但更期待有趣而又有文化味的好玩。从这个角度看，我们该欣喜的是，民俗虽经过不同时代的变迁，到底还是没有彻底失掉，而是以新的方式传承着这座城市的精华。

二〇一七年三月二十八日

Contents 目 录

成 都 旧 时 光

卷一 玩乐

无限的风景，都是在玩乐中升华，

一花一世界，这是玩乐的品格。

逍遥安逸迷人眼

在不少谈论成都的文章中，都提到了成都人逍遥安逸的生活方式，但细究起来，哪一个地方不是具有这样的风气呢。酷爱安逸的生活，不管是身在巴黎，还是活在纽约，大概没有人拒绝这样的生活——只要条件允许的话。但成都人却活得千姿百态，这一点是毋庸置疑的，更要紧的是，人人懂得这种享乐的趣味，以及如何才能获得最大的精神享受。

这不能不归结为李冰先生的都江堰水利工程，保障了成都人生活的物质基础。吃喝不愁，才有了享乐的条件。天府之国，若没有点个性的生活方式，简直是没天理。好在成都人没有辜负上天这一份安排，适宜的生活，让人羡慕的地方当然很多，比如泡茶馆，比如上"苍蝇馆子"，比如街头闲步，都是各有趣味的。

但成都人的四时享乐是各不相同的，这细微的差异正是使成都人有天天过节的感觉。比如过年的时候，虽然现在被灯会、庙会所替代，但在民间又有着各自的风俗习惯，但这也是以玩乐生活为主的。

单是春天，就有着好些个节日，人日、灯会、游百病、游寺、花会，无不在一种欢快的氛围中进行，寒食、清明、踏青、上巳求福就已花样众多了。宋时的诗人曾这般描述踏青："市桥官柳翠阴垂，路向西郊驻蔡旗。故事每从遒俗尚，清观又送晚春归。"这场景至今也是难得一见的风景，只是多数时候被看花所替代了。

　　夏天有嫁毛虫、放生会、游江、药王庙会、端阳节、六月六、晒衣等习俗。且看嫁毛虫，即农历四月初八这天，成都人以十字形红纸条上书驱虫咒语："佛生四月八，毛虫今日嫁，嫁在深山里，永世不回家"等字样，贴在墙上，云可驱虫。清代有竹枝词写道："佛生日采花间露，写嫁毛虫帖数张。到处慈云能覆庇，况予西土是同乡。"这也是一种娱乐了。

　　秋天的成都也是适宜娱乐的，仅仅节气就有七夕、土地会、中元节、中秋节、重阳节等。清人冯家吉写中秋节："茶半温时酒半酣，家人夜饮作清谈。儿童月饼才分得，又插香球舞气柑。"一派安静祥和的生活氛围，这也是最让人羡慕的地方。

　　再说冬季，成都这时的节日是最少的，仅有城隍会、冬至等几个，但成都人也不忘享乐。在唐宋时的这一天，官员上午在金绳寺，下午在大慈寺宴会，节期又宴会于大慈寺。太守则率领宾客出北门，过石鱼桥，巡察各处祭祖活动后，往长天观歇脚。宋人田况有首诗《冬至朝拜天庆观会大慈寺》，其中有句云："景至履佳辰，朝露著国令。黄宫启前萌，紫宇晨荫映。"这风景虽

久已不传，但仍让人向往。

　　不管世事如何沧桑，成都人就如此年复一年地快乐着。逍遥安逸迷人眼的是，自在的生活态度。玩乐，能玩出如此的境界，也才能够成为一道风景吧。我想，成都人之所以愿意成为成都人，大概也是跟这一份心态相关的。

成都人怎样过新年

以前川西流行一句童谣："红萝卜蜜蜜甜，看到看到要过年，娃娃想吃肉，老汉没得钱。"当童谣唱起来，年也就渐渐地近了。成都过年的习俗与南方极为相似，在细节上又体现出差异化。当我们提倡"原味新年"时，不妨看看老成都是怎样过年的。

竹枝词里的年景

由于平时喜欢民俗文化，自然格外注意旧时成都的民俗风情。在今天的书写中，常常语焉不详。民国年间的筱廷曾用竹枝词记录成都人的过年，这些竹枝词以通俗易懂的方式介绍成都人的年景，对今天来说，犹如回到成都的过去：

《打米酥》：年货囤人办得精，粉糖共和以酥名。家家印板零星样，都是钉锤敲得成。

《蒸年糕》：白粉红糖共和匀，作来最好数南人。一气蒸成砖块似，压倒方圆式样新。又，竹器蒸笼热气高，儿童呼母要年糕。方块拿去待宾客，尖角留来哄儿曹。

《送年花》：买花送去女儿边，样选时新色要鲜。说是年轻人佩戴，好生打扮过新年。

《收债》：搭连账簿带身旁，飞子沿门散去忙。一到临年三四日，敲人门户令人慌。

《卖灶马》：涂烟黄纸卖盈城，到处喧呼灶马名。祭灶人家都来买，一张送去一张迎。

《写春联》：贱卖斯文说效劳，春联代写快挥毫。不言润笔些须本，只说今年纸价高。

《吃年饭》：一餐年饭送残年，腊味鲜肴杂几筵。欢喜连天堂屋内，一家大小合团圆。

《辞岁》：儿童行礼说辞年，长辈分他压岁钱。一见簇新原辫子，磕头领去喜连天。

《守岁》：新岁将临旧岁回，家家守岁意低徊。儿童相伴天明坐，笑问年从何处来。

《换门神》：把户尊神气象豪，虽然是纸也情劳。临年东主酬恩德，尽与将军换锦袍。

《贴喜钱》：家家门户焕然新，都贴喜钱扫俗尘。红纸五张装体面，柴门也自见新春。

《拜年贴》：背填居里面书名，三寸红单式仿京。特到人家门口贴，便言尽到拜年情。

《放火炮》：过年火炮响连天，纸说全红子说千。就是贫家生机薄，朝朝也放霸王鞭。

《打锣鼓》：景运初开事未繁，闹年锣鼓满街喧。少年最爱翻花点，每学班子打《十番》。

《说春》：乞儿得意做官时，袍带乌纱手内持。说过千门恒炫耀，春官常挂嘴唇皮。

《春鞭》：春鞭文彩甚迷离，竹作筋骨纸作皮。一自春官携在手，任他人物两相宜。

《灯市》：城隍庙前灯市开，人物画枝巧扎来。高挂竹竿求主顾，玲珑机巧斗新裁。

《看灯》：花灯大放闹喧天，狮子龙灯竹马全。看过"锦城"春不夜，爱人唯有采莲船。

《灯谜》：元宵灯谜妙无方，十字街前贴数张。几度费心猜得破，迎来多少好槟榔。

《话春酒》：年景花开兰草香，家家春酒客来忙。腌鸡腊肉尝俱遍，冬笋春芽并韭黄。

千百年来，中国人的过年方式变化不是特别大，从这些竹枝词里大致来看，成都人过年的内容颇为丰富，热闹非凡，呈现出一派繁荣的景象。虽然有些景象已经消失了，但给人以一种欢快的印象。过年的热闹当中，最不可少的，就是拜年了。

竹枝词里的拜年

过年，当然少不了走亲访友的拜年，竹枝词里亦有对拜年场景的描述：

衣帽都随岁序新，互相来往贺交亲。
到门一例粘红帖，遍访何曾见主人。

至亲须得一登堂，逐户亲临走不遑。
一样在家辞不见，大家只是着空忙。

轿坐玻璃体制严，跟班随后壮观瞻。
玩来官派兼京欵，厚底方靴矮帽簷。

除了这些拜年方式之外，在这个《竹枝词》里写到了乡邻拜年，以及拜年的穿着打扮等等，可见当时的成都过年风气——

其一

自家翻历拣良辰，遍约诸亲与比邻。
今日娘家明日舅，预先分派配均匀。

其二

打点明朝去出行，隔宵装扮冬欢情。

从无拘束风流惯，下轿先闻笑语声。

其三

额围貂勒学昭君，短短皮衫浅浅裙。

衣料尽挑新样制，梅兰竹菊兼冰纹。

其四

绸缎绫罗任意穿，栏杆镶滚又花边。

共说好看年年换，只计时新不计钱。

其五

皮衣大半是中毛，褂前花灰袄子羔。

更有一班新出样，宽裁倭缎滚长袍。

其六

翡翠簪环宝石冠，近来也作等闲看。

梳头新学南边样，云鬓高掀似马鞍。

其七

新制衣裳费万钱，着来犹说不新鲜。

侬家小户难争赛，一件单衫也拜年。

其八

堆盘茶食尽丰隆，团坐一时碟亦空。

只有米酥吃不尽，也将包入手巾中。

其九

茶点才过又酒盘，共连摆饭是三餐。

腌鸡腊肉尝俱遍，尚说连朝胃不安。

其十

走遍亲朋拜遍年，谁家欵待最周全。

便宜唯有回娘屋，儿女多收褂褂钱。

今天的独生子女多，即便是放开了"二胎"，像旧时的"七大姑八大姨"的亲友团也是不可想象的。从这竹枝词中，我们大致可看出成都人拜年的讲究，那不只是一种仪式感，更为重要的是体验了成都过年文化。

《成都通览》里的过年

傅崇矩的《成都通览》，记录晚清至民国时期的成都生活甚为详细，成为研究这一时期成都的重要史料。其中有《成都之民情民俗》，介绍成都过年详细的内容，大致而言，包括这些项目：放炮、拜年、闹年鼓、敬财神、迎喜神、装财神、飞名片、穿新衣、挂挂钱、耍龙灯、耍狮子、听洋琴、听相书、请春酒、走喜神方。其中，挂挂钱，又称为"褂褂钱"，即通常所说的压岁钱。

初一天游各庙，以武侯祠、丁公祠二处为热闹。初一元旦，忌用刀剪针类，并忌吃饭，以面代饭。除夕之夜，街户灯烛辉煌，火炮达旦。元旦之夜，反觉冷淡。元旦日街市停贸易，关门闭户，只有小本营生者，专售小儿女之钱，如甘蔗、橘子、面食、凉粉、花炮、响簧、小灯、大头和尚、戏脸壳、灯影、糖饼、花生、升官图、纸牌、骰子之类。初九日夜起，各庙宇、各人户，均点灯笼，谓之上灯，直点至十六日为止。初一日起，早晚均燃香烛，敬天地祖宗，有敬至十五日者，有敬至初九者，有敬至破五者（破五即初五）。初一日，商铺即有开张者，谓之提门，随即掩闭，不过用红绫纸锞挂上招牌耳。初二日后，提门者甚多。其大开张知日，均另择吉期。十五日后，遂通行开张。初九日起，十六日止，繁盛街道之花炮，以东大街为极盛，乡下于夜间大放花炮，轰烧龙灯。

初一日、初五日、初九日、十五日，均游武侯祠。

初一日，多游丁公祠或望江楼。

初六日，妇女回娘家，拜年，或择吉使小儿出行。

初七日，游工部草堂。

初九日，出灯。

十三日，夜间，看出令。

十四日，夜间出令。

十五日，过大年，吃元宵（即汤圆），敬神送年，烧去纸门钱，夜出令。

十六日，游百病（周游城垣），野放花炮，过厚脸年，夜仍出令。

此外，正月所适宜做的事情还有很多，《成都通览》举例说，或看迎春，或看戏、看牌坊，或赌，或择吉期，亲送子弟上学，或为子弟觅事，或送出学习生理，或收拾铺宅。

如今，这些习俗已发生了许多改变，保留的项目也越来越少了。这"年味"自然就越来越淡了吧。

人日游草堂

　　新年尚未过完，"人日"就来了。对成都人来说，这一天是要游杜甫草堂的。旧时，这可是成都人游玩必去的景点之一。其园林、楹联等等都为人称道。特别是每年的正月初七，游草堂成为成都人最耀眼的节目。如在 2007 年，人日游草堂的活动包括看图（唐代仕女踏青图）、听琴（锦城唐风古乐奏）、赏梅（梅花园艺展唐格）、鉴宝（精品书画显唐风）、观戏（霓裳羽衣大傩舞）、玩艺（民间耍技看稀奇）等，分别从正月初一到初七在草堂上演。这七天中，成都杜甫草堂再现了"唐代仕女""唐诗乐舞"及诸多趣味十足的"唐人游戏"，让市民过了一个别有趣味的唐风民俗年。

　　这很容易让人想起王才储的《草堂人日怀古》："人日歌吟我到迟，江边踱步细寻思。锦句连篇育后辈，群贤集会仰先师。忧民报国恨无路，抨世嫉邪愤有诗。茅屋秋风俱往矣，广厦春光花满枝。"

　　民国年间，向仙乔在《寄亮生　此先生返渝修志时所寄》亦写到人日逛草堂："归鬓吴霜又蜀霜，车书笑倒七年忙。邮亭晓色商前路，人日诗心询草堂。花市可能期小聚，锦城虽好是他乡。时危去住浑难定，雁后春前各自将。"

那么，何谓人日？龙夫《春节史话》说，据《荆梦岁时记》载："正月一日为鸡，二日为狗，三日为猪，四日为羊，五日为牛，六日为马，七日为人。"简言之，初七是人过年的日子。

祁和晖教授考证，成都人年节习俗中重视"人日庆祷"由来很早。早在西汉时期即由朝廷向四川作文化辐射影响时传入蜀地。至迟从盛唐起，成都人的人日节庆即很隆重。杜甫与高适之间的"人日唱和"诗正可以佐证。当年杜甫漫游时，曾与李白和高适两位大诗人相遇，饮酒游猎，怀古赋诗，啸云吟月，结下真挚的情谊。杜甫流寓成都时，高适正在蜀州（崇州）做刺史，经常资助杜甫。公元761年，高适在人日那天题诗《人日寄杜二拾遗》寄赠杜甫，表达对朋友的思念。公元770年，飘泊于湖湘的杜甫有一天重读高适这首诗，当时高适早已亡故，睹物伤情，遂写下《追酬故高蜀州人日见寄》，以寄托哀思。从此，高杜人日唱和的故事便传为诗坛佳话。

至宋朝以来，文人墨客每年都要纷纷来到杜甫草堂祭拜诗圣杜甫，到明清时代这一习俗流传更广。

清代四川学政何绍基对人日游草堂先是持怀疑态度。他到川南主持秀才考试时，于途中为草堂撰拟了一联："锦水春风公占却，草堂人日我归来。"为了对下联的忠实性，回成都时，特宿于郊外。等到初七人日这天，亲自看了成都人游草堂，才把对联送到草堂去。这副脍炙人口的名联，至今悬挂于杜甫草堂。

傅崇矩《成都通览》记载，到清代成都已经形成正月初七人们游草堂、吟诗拜杜、踏春赏花的习俗。人日集中体现节日的教育、传承文化功能，是成都百姓重要的文化节日。由于历史原因，"人日游草堂"活动曾一度中断。1992年成都杜甫草堂博物馆与四川杜甫学会共同恢复"人日游草堂"节俗活动后，人日游草堂活动重回成都人的生活，人们到草堂拜诗圣，诵杜诗，赏梅花，猜灯谜，画梅花妆，品七菜羹，体验传统游戏……最近几年成都杜甫草堂又推出拓印、习兰花知识、盆景制作、对联赏析等传统文化体验课程，让小朋友和观众能亲身感受传统文化魅力。

辛亥革命以后，此俗渐渐衰落了。查手头的《吴虞日记》，不见游草堂的记载，倒是每年的花会，几乎都去游一下的。这似也印证了游草堂在民国年间的状况了。从1992年起，成都开始正式举办"人日"游草堂活动，至今已举办了多届，形成了极具成都特色的节日文化盛宴。每年"人日"这天，成都市民便扶老携幼至草堂凭吊诗圣杜甫，吟唱杜诗，赏梅祈福。

胡红娟在《"人日游草堂"风俗考》记载了成都人在"人日"这一天的生活：

人日最主要的节俗是吃"七宝羹"和作人胜。"七宝羹"是用七种菜做成的羹，而这七种菜的"菜"并非专指蔬菜，而是指鸡、犬、猪、羊、牛、马、谷七种生物的"合菜"。人能在自己的主造日以七种生物为羹，显示人地位能力高出于其他七物之上。人虽然也是被女娲所造，但一方面他们与其他共生七物有着"同生之谊"，另一方面却又是其他七物的统领。可见"人日节"是一种朴素的"人为中心"观念的反映。

"胜"是古代妇女戴的一种首饰，取意"优美""优胜"。传说中西王母就曾戴过这种首饰，《山海经·西山经》云：西王母"蓬发戴胜"。胜有多种，如人胜、方胜、宝胜、花胜、春胜等，人日主要用人胜和花（华）胜。人胜一般剪刻成人的形象，妇女戴在鬓边或用来送人。花胜一般以花鸟为题材，形状近似于现代的花结。

人日游草堂，已是成都的民俗之一。这一天，杜甫草堂还要举行"草堂唱和"诗会。诗人在这里欢聚一堂，以诗的名义书写生活。2010年，成都杜甫草堂人头攒动，诗意氤氲。主祭人——四川省历史学会会长谭继和先生和成都杜甫草堂博物馆馆长贾兰女士，为"人日"祭拜活动开启大门。这次的人日活动还举行了杜甫草堂首届博客征文大赛颁奖。这一活动的与时俱进，让杜甫的诗歌也走进了大众。

有几年，我跟诗人走得很近，时常也参加诗人的聚会。每年的人日游草堂活动也就去参加一下，欣赏杜甫的诗歌之美。2010年的那次草堂聚会上，见到的诗人有张新泉、王尔碑、凸凹、牛放、况璃、王国平、李龙炳、游复民、魏建林、杜荣辉、阳光和、许岚等人，活动结束以后，大家喝酒，不亦快哉。不承想，此次活动是最后一次见到诗人游复民，三个月之后他就自缢身亡，决绝地离开了诗歌，令人叹息。

感受诗歌，享受诗歌带来的趣味，在园林里，也在生活里。人日游草堂，不仅仅是一种向杜甫致敬的方式，也是诗歌存在于成都人生活中的直接反映。这或如诗人所言："诗在生活里，焕发出的是岁月的刻痕。"

流光溢彩的灯会

谈到成都人的娱乐，不能不说到成都灯会。

冯广宏在《成都游乐的黄金时段》说，正月十五是上元节，按老规矩应举行三天灯会。那时灯会并非集中在某一个景点，而是城里主要街道都有花灯，到处都有灯景可观，而且各个街坊还有互相竞赛的意思。据记载，全城每天夜晚点灯用油达到5400斤之多，几乎通宵达旦，油费全由官方负担。灯会上以"山棚变灯"为最精彩，大概与现代彩塑活动灯具近似，可能还需要演员操持，表现各种戏剧人物题材。灯会正式举行三天，太守天天晚上在五门楼上设宴，头天晚上亲自参观变灯，看它几个时辰，全由太守决定。因为灯会期间，当差的要维持治安，防范火灾，他们无暇看灯，所以正月十七特别延长一天，称为"残灯会"，专门让他们去补娱乐这一课。同时，还由通判出面，设宴招待这些有功之人。从这类人性化的措施，可以看出政治上着眼于团结的意向。

这是宋时的成都灯会。而这个灯会最早起源于唐睿宗景云二年（711年）。徐伯荣《灯市》说，成都的灯市上灯始于东、北门城隍庙。唐宋时期的成都灯会是怎样的规模，已不可考。晚清至民国一段，则时有竹枝词加以记录，比如这首竹枝词：

> 府城隍庙卖灯市，科甲巷中灯若干。
> 万烛照人笙管沸，当头明月有谁看。

灯市的盛景，是那年月成都游乐活动的重要组成部分，又有竹枝词写道：

> 城隍庙前灯市开，人物画纸巧扎来。
> 高挂竹竿求主顾，玲珑机巧半心裁。

灯市上耍法众多，如狮灯、龙灯，随街游走，热闹非凡，且不少街口设有灯谜台，这样的场景，让人迷醉。恰如有首竹枝词所说：

> 六街莺燕带娇声，朵朵莲花数不清。
> 到底看灯还看妾，偎红倚翠欠分明。

魏南生《旧时的商业中心和夜市》里记录了晚清至民国初年间的灯市风景：

东大街在清末举办的灯会，五彩缤纷，辉煌灿烂，不仅成都人倾城往观，大饱眼福，而且各地仕女赶来参观，啧啧称赞，那热闹盛况，有如后来劝业场开幕后，四乡农民涌去看"电灯燃"奇景一样。

自农历正月初八日起，成都各大街的牌坊灯，便竖立起来。初九日名曰"上九"，便是正月观灯的第一宵。全城人家并不等候什么人的通知，一到夜晚自发地把灯笼挂出，点得透明。其中以东大街各家铺面的灯笼最为精致，又多，每家四只，玻璃彩画也有，而最多最好看的总是绢底彩画的，并且各家斗胜争奇。其画十分之八九皆为人物，多出名家手笔，一年一换，取材于《三国演义》《西游记》《水浒传》《封神榜》《西厢记》《红楼梦》和《聊斋》等书，也有画戏景的，不但人物生动，色彩鲜明，且布局取意俱属佳妙。小幅绘，人物眉目清晰，景致生动，可供雅俗之赏。

值得一记的是，有一年，城守东大街城守街门照壁旁边大放花炮，五光十色的铁末花朵，挟着火药，直冲二三丈高，后四向纷坠下来，中间那闪耀的透明的白光，大家说是做花炮的在火药里掺有什么洋油，真比往年的好看。

举行灯会之时，爱热闹的成都人当然不可放弃尝试种种美食小吃。这也是各种小吃摊贩集中的地方。赖汤圆、龙抄手、三大炮、王胖鸭。

每年出现在灯市上的各种灯"数量之多无法计算"。有竹枝词写道:"花灯大放闹喧天,狮子龙灯竹马全。看过锦城春不夜,爱人惟有彩莲船。"

查成都使用电灯的历史,不难发现,它与灯会也有着许多关系。1904 年,四川机器局试行发电,安装电灯 2000 盏左右,此为成都有电灯之始。1908 成都劝业道集资开办劝业场发灯部,设照明电灯数十盏首先供劝业场使用,成都供电设施由此发端。1909 年,启明电灯公司成立,12 月开始送电。照明电灯使用范围逐步扩大。电灯的出现,初开始使成都对灯会的兴趣减少。随后,制作彩灯也用上了电灯,新技术给灯会带来了新的生命力。

民国年间,战乱频仍,虽然有新生活运动,但灯会的影响力大不如从前。

有一组数据显示,在新的历史时期,灯会在成都依然广受欢迎。1962 年 2 月在文化公园(含青羊宫)举办了新中国成都首届元宵灯会,在八卦亭、二仙庵等处展出"牧羊图""金驹万里""万象更新"等内容的壁灯、圆红灯及戏曲座灯等 300 余件,观众达 76 万多人次。1963~1966 年举办 2~5 届灯会,以反映农业、工业建设成就和文艺百花齐放的工艺彩灯为主,如"红旗""龙舟""全民皆兵"等。其制作工艺更加精美,构思更加新颖,规模日渐增大。1964 年春,周恩来总理曾神采奕奕地步入成都灯会赏灯,还高兴地与工作人员照相留念。1967~1973 年,因"文革"动乱,灯

会一度中断。1977年第九届灯会规模大，内容丰富，气氛热烈，其中"打倒四人帮""万水千山"等15个灯组形象生动，很吸引人。

从2004年春节开始，成都灯会从文化公园迁移到塔子山公园举办。2016年，灯会再次迁移到三圣花乡。灯会所承载的是成都这座城市的人文记忆。当我们回顾灯会的历史，就好像走进了春节时光，那流光溢彩的风景，让人流连忘返。

花会的耍法

因气候温润的缘故，成都的植被很丰富，花草树木生长得也就特别好。因之，成都人闲暇之余，不忘举行花会，这不仅是花的节日，也是成都人的盛大节日集会。在花会上，吃喝玩乐，样样都有，比今天的会展还要闹热。说起花会，老成都人的记忆里，满是暖暖的故事。从形形色色的故事中，可以看到成都的享乐时光，是那般的闲雅。

花会上的植物

公元881年，唐代诗人肖遵的《成都诗》中即写道："月晓已开花市合，江平偏见竹牌多。"这恐怕是成都花会最早的记录。宋薛田《成都书事诗》亦有"花市春风绣幕寨妙"之句。宋陆游在《海棠》诗中写道："尚想锦官城，花时乐事稠。金鞭过南市，红烛宴高楼。千林夸盛丽，一枝赏纤柔。狂吟恨未工，烂醉死即休。"这里所说的"南市"即古之花市。陆游还写过"当年走马锦城西，曾为梅花醉似泥。二十里中香不断，青羊宫到浣

花溪"。

戴文鼎《青羊宫花会》云："因为李老君是二月十五日诞辰，故唐宋以来，成都人民就把花朝日和李老君生日、青羊宫的花会和庙会有机地结合起来了。"

这是古之成都花会。

《青羊宫花会》记载，成都花草，品种繁多，如海棠、还魂草、茶花、蜡梅、灯盏花、无花果、灵芝、台阁梅、刺陌、兔兰、白牡丹、洋芙蓉、白石榴、凤尾、寿星橘、金边芍药、八角、石斛、绣球、观音莲、杜鹃、棋盘、吊金钟、重楼、万字金银、十锦茶、六鹅珠、百日红、瑞香、万寿红、椪子、玫瑰、地棠、桃红、紫荆、小桃红、胭脂、蔷薇、桃白、竹叶梅、雪桂、朱砂、月季、白霜、金桂、水仙、玉苑、豆荔、天竹、香草、台草、金丝梅、书带草、珠藤、千枝柏、子午莲、茧壳、红桃、寸桃、金豆子、美人茶、桂元、酥罗汉、榆钱、月桂、剪秋罗、八角鸟、白桃、文杏梅、五色桃、安桂、金缨子、粉珠砂、铁线莲、万年青、老来红、夹竹桃、年锦、罗汉松、南天竹、随手香、夜来香、晚香玉、仙人掌、金针、木懂、串芝莲、紫玉替、吉祥草、树珠兰、紫玉兰、白玉兰、金边兰、吊兰、夜荷、金弹子、金银、还香草、白石榴、二红樱桃、紫袍凤尾、观音竹、水竹、刺牡丹、垂丝海棠、铁脚海棠、香国、佛手柑、雪兰、天茄子、金瓜、迎春、六月雪、洋菊、和尚、滴滴金、泥秋蒜、佛指甲、七姊妹、十姊妹、粉团、地团、美人……等百余种。上面提到的仅是一般常见的花卉，尚有一些奇异花草由于年陈日久至今已无法记叙了。这其中尤以海棠最负盛名——《益都方物略》称"蜀之海棠，诚为天下奇葩"。《寰宇记》称"成都海棠，尤多繁艳"。宋代诗人陆游对成都海棠赞道："碧鸡海棠天下绝，枝枝似染猩红血。"

1961年，曾克逛花会后撰文说："我站在假山旁向四面看了看，犹如完全被万花包围起来了。在视线可以看到的远远近近，高高低低之处，无不是花天花地。桃红李白，相互斗艳；海棠和红梅，象火焰般怒放；玉兰花苞蕴蓄着无限的春意，茶花恰如一抹红霞。游人们在这里一散开来，很快就给花丛隐没了，只听得歌声和笑声……这情景比陆放翁所写：'当年走马锦城西，曾为梅花醉似泥。二十里中香不断，青羊宫到浣花溪。'要更加迷人。"此外，这里的百多种花草也别具风姿，色香各异地逗人喜爱。今日雨后新晴，花心正滴露，在一片片如洗的嫩叶上，凝聚起闪亮的珍珠。今年花会上特意布置的"春夏秋冬四季花开台"，更成了花会的精华之一。

花市的要法

晚清实行新政时，在四川成立劝业道，当时的主管周善培利用成都人每年春季在浣花溪一带郊游的传统风俗，把"振兴实业"和"新春游乐"结合起来，利用花会场合举办全省性劝业会，即全省商品工艺品展销会，作为春季商品展销会的花会连续

举办了三次，直至清末。

民国年间，成都的花市照常举行，一般举行时间为一个月。游花市是成都人最大的节日活动，这从一些竹枝词中也可看出来。花市除了看形形色色的花之外，还有各种各样的耍法。如棚街景观，《青羊宫花会》载："青羊宫正门外和二仙庵前是一片旷地，均租给城内商号来会设点者，因此每年旧历正月末，青羊宫便开始用竹席搭棚木板铺地，每七八平方结成一屋，中间留出巷道，形成一条条的棚街，人行其中，左顾右盼，两旁货色，尽收眼底了。"这棚街主要是商业区。

喝茶是成都人生活中不可或缺的项目，每年花市上，市商会每年都要组织市内有名茶馆赴会设点，如"华华茶厅""品香茶社""溜江茶社""西南茶厅""漱泉茶楼""益智茶楼"，以及二泉、白玫瑰、紫萝兰等新型茶座均要在花会会场开辟阵地，以自己的声誉和特色服务于各自的新茶客。最难得的是茶馆增加了地租而茶资仍和城里一样，不涨分文。有的增添了送洗脸帕的服务项目；有的又增设了糖果糕点供应；有的还请来相声演员和扬琴演员为茶客助兴。

这里还是吃喝的舞台。在会场设点的包席馆有正兴园、复义园、西铭园、双发园、荣乐园、聚丰园、荐芳园、竞成园等；南堂馆有一品香、菜根香、静宁、小芙蓉、努力餐等；便饭馆有竹林小餐、荣盛饭店、邱佛子、香风味等；西餐馆有冠生园、耀华、新上海、撷英餐厅等；名小吃有吴抄手、钟水饺、矮子斋、樱雪、盘飧市、耗子洞、王胖鸭、夫妻肺片、赖汤圆等。当然少不得成都小吃，这时候有吃的有玩的，所以成都人以赶青羊宫花会为兴。

在花会期中，如悦来、新又新、三益公永乐等川剧班子和春熙、华赢京剧班子，以及中艺、中剧等话剧班子，都要到会场轮流演出。上海、天津、河南、山东等地的杂技团（当时称为武飞团）也相率来会表演"空中飞人"等惊险杂技。也少不了打金章的活动。

同时，花会期间也是美女帅哥亮相的最佳时节，所以争奇斗艳也就不奇怪了。由于字画古玩市场就在花会的旁边，赛宝贝也是花会其中的一项。

刘大杰在《成都的春天》里说，这是一个成都青年男女解放的时期。花会与上海的浴佛节有点相像，不过成都的是以卖花为主，再辅助着各种游艺与各地的出产。平日我们在街上不容易看到艳妆的妇女，到这时候，成都人倾城而出，买花的，卖花的，看人的，被人看的，摩肩擦背，真是拥挤得不堪。高跟鞋，花裤一桃色的衣裳，卷卷的头发，五光十色，无奇不有，与其说是花会，不如说是成都人展览会。好像是闷居了一年的成都人，都要借这个机会来发泄一下似的，醉的大醉，闹的大闹，最高兴的，还是小孩子，手里抱着风车风筝，口里嚼着糖，唱着回城去，想着古人的"无人不道看花回"的句子，真是最妥当也没有的了。

《吴虞日记》里的花市

吴虞除了日本留学、北京教书之外，在成都生活了整整七十年。读《吴虞日记》，不难发现他对成都生活的记录多有史料价值，如对花会的记录，可看出花会的流变。

1914年3月22日，十二时游花市，晤杨善廷、衷幼卿。见夏璧夫同唐氏兄弟在花市过于随阿，里东谓其幕派入骨，不诬也。3月29日，饭后游花市。1915年3月31日，香祖、志淑、棱女同游花市。

1916年3月18日，捡《蜀中名胜记》《成都通览》，考青羊市及花会之历史。3月20日，由邮寄刘石夫信一函并游花市诗二首。

1917年3月7日，香翁生日也。饭后余见雨止，至花市一游，香翁喜铁脚海棠，余为买一株，为香翁四十二岁生日之纪念物也。3月11日，吴选楼约游花市，晤余苍一、王孟瑶、张衡之、刘豫波、廖季平、叶士侠。3月30日，黄敬轩、刘培之、余啸风、周少溪、周少章来，约游花市。4月9日，孙少荆来谈少顷，云书记与律师以四成分账，平日无薪。同至花市一游。

1919年3月16日，同柚女游花市，晤刘培之、李哲生，予小坐即行，不愿同之追逐也。游人如蚁，茶肆尽满无坐处，予遂归。3月20日，刘妾游花市，予给钱五百文，因其来十年未常去，此初次也。4月6日，少荆来，同游花市，买纺棉车二架，共钱一千四百文。4月14日，午刻过花市，买柏木二十块，八尺长，每块七百文，付银六大元，钱一千文，外付厘税各钱二百文，揢子各钱四百文，又买席子一床，三尺五寸宽，钱一千二百文，扫帚三把，钱一百八十文。菜筐一个，钱一百二十文。

1920 年 4 月 6 日，饭后过花市，在江隍场售青布处买苏青布二丈，银二元六角，又在新繁工厂买面巾四张，钱八百文。

1921 年 3 月 14 日，饭后，过青羊宫一游。

1927 年 3 月 31 日，术百来，言敖子鱼约夏历三月初一日十二时后来，同予游青羊宫花市。4 月 21 日，青羊宫花会二十二号闭会。

1929 年 3 月 12 日，饭后同柚、植、卫林步往青羊宫看花。拟买春海棠。乃花市尚无一花，仅茶寮数处售茶。每茶寮蓬外，植春海棠不下数十株。询方雨生，则渠买于沈宗元。以三百六十元大洋买春海棠二百余株。予选一株，索价七元。议成大洋五元。午后四钟送。今日中山四周年纪念，改为植树节之第一次，成大放假，故予出城买此花，亦作纪念也。4 月 10 日，同曼君、柚、植游花市观剧。陈碧秀演《洪江渡》，下台见予，约予茗饮少顷。4 月 14 日，燕生来，同往花市。晤濮子谦，茗饮少顷。至青羊宫，刘豫波先生亦在。

1930 年 3 月 12 日，同燕生游花市，尚未到齐，实业局无一家陈列者。十二时归。3 月 25 日，晚饭后至花市，在新繁实业局买棕鞋一双，大洋二元二角，棕扇三柄，共大洋八角；又在温江实业局买粗麻布二匹，钱十二千，换大洋一元给之。

　　1931 年 3 月 22 日，诗题：拟左太冲招隐诗二手；花市杂诗七言绝句，不限首数。4 月 4 日，往青羊宫花市一览。晤王子骞、高虞卿。白兰花小者，亦索价二十元。

　　1932 年 3 月 29 日，放假。十一时游花市，在温江建设局买粗麻布二匹，大洋一元六角。又，游人极众，茶肆无余座。

　　1933 年 3 月 29 日，饭后游花市，茗饮久之。4 月 1 日，闻花市限三日收束，二十四、八两军似又将有事也。

　　1937 年 4 月 25 日，同曼君游花市，买青花大瓷调羹一个洋八角，水桶一挑洋六角五仙，二号脚盆一只洋五角，小桶一只洋二角五仙，扁担一根洋一角五仙，抽丝棕绳四根洋一角一仙。本日日记有眉批曰：十一次游花市。5 月 8 日，晨过花市买紫荆一株，洋一元，栽四十一号宅。5 月 9 日同曼君游花市，买广皮石榴一株洋九角。

　　1938 年 3 月 2 日，今日报，邓锡侯任绥靖主任。花会已决议停办。4 月 9 日，午饭后同曼君至花会买牡丹一对，洋八角。4 月 10 日，同曼君游花市。

　　在我的印象里，吴虞是颇为古板的学者。但读他的日记，就能感受到生活气息是那么的浓厚。他关于花会的点滴记录，尤其是当时的消费情况，弥补了成都花会史的不足。

春天看花节

　　成都的春天，到处都可以看到这样那样的花花草草。最早，成都被称为"芙蓉城"就与花相关。五代蜀时，花蕊夫人最爱牡丹花和红栀子花，于是孟昶命官民人家大量种植牡丹，并说：洛阳牡丹甲天下，今后必使成都牡丹甲洛阳。不惜派人前往各地选购优良品种，在宫中开辟"牡丹苑"。孟昶除与花蕊夫人日夜盘桓花下之外，更召集群臣，开筵大赏牡丹。此外，成都遍种芙蓉，每当秋天芙蓉盛开，沿城四十里远近，都如铺了锦绣一般。花蕊夫人亦写到成都的春天："三月樱桃乍熟时，内人相引看红枝。回头索取黄金弹，绕树藏身打雀儿。"而今倒是秋天随处可见银杏落叶了。

　　除了这些故事，诗人记录成都的荷花、梅花、芙蓉、海棠、山茶、牡丹、蔷薇、杜鹃花等等，数十种之多，尤以海棠为最。此外，成都以花木冠名的街巷也有不少，如桂花街、三桂街、东桂街、双槐树街、干槐树街、拐枣树街、草市街、泡桐树街、倒桑树街、神仙树、五桂桥、皂角树街、竹林巷等等。由此可知，成都在历史上也曾是"青枝绿叶，花枝招展"。

作家马小兵曾说，成都市已经记录的高等植物有 264 科、1224 属 3390 种，占全国树种的十分之一。在成都市丰富多样的植物中，有 29 种野生植物以其古老、濒危、稀有和极高的科学研究价值，被列入《国家重点保护野生植物名录》。其中，银杏、红豆杉、南方红豆杉、珙桐、光叶珙桐、独叶草 6 种植物为国家一级重点保护野生植物。国家二级重点保护野生植物 23 种。

成都以花为市的历史，可以追踪到唐末五代，但当时不像这样遍布花会。一到春天，成都周边林林总总的花节，让人真是应接不暇，真好像是赴一场春天的约会。

先说龙泉驿的桃花节。阳春三月，龙泉驿漫山遍野，桃花盛霞，梨花如雪，风景如画，吸引成千上万的游客纷至沓来。1987 年，龙泉驿区举办首届桃花会。这个桃花节现在已更名为国际桃花节，每年都有不同的主题，展示桃花的魅力。在龙泉驿，不仅有桃花故里，也还有桃花诗村。

有意思的是这个诗村收录古今中外桃诗歌 200 首，以诗歌墙、桃花扇、石林等形式刊刻出来。成立了农民诗歌社，一些诗人长年进驻该村。大多数村民都会创作顺口溜、打油诗，还会吟诵唐诗宋词，既提升农家旅游档次，又丰富了村民的生活。除此之外，从 2007 年起，在桃花节期间还举办中国乡村诗歌节。

著名诗人张新泉的诗句"桃花才骨朵，人心已乱开"，可以说是成都人对桃花的情结。

当柔软的春光洒向桃树，羞答答的骨朵急匆匆地敞开了她粉红色的怀抱，于是龙泉山漫山遍野的桃花盛开了。踏进山门的男男女女，被"桃花才骨朵，人心已乱开"的诗句弄得更加春心荡漾，于是懒懒地晒在桃树下，或谈情说爱，或冲动发飙，或发呆打望，如此林林总总，均是自然造成，怪不得人了——画家王益在文章中曾这样说龙泉驿桃花。

其次是新津的梨花节。此节日始于1999年，于每年3月至4月举行，万亩梨花溪、梨花沟，品茗赏花，不亦乐乎。这里以梨花为主要景色，千树花开胜雪，春风过处淡香。松涛万亩青山，山谷春花似海。每至梨花盛开时，或成片如海，或散落山涧，人入梨林，花拥香宜，步步醉人，恍若世外桃园。每年去看梨花的游客达百万人。

彭州的牡丹花会。彭州种植牡丹始于唐代，迄今有上千年历史。南宋诗人陆游在"天彭牡丹谱"中称："牡丹在中州，洛阳为第一，在蜀，天彭为第一。"牡丹花会始于1985年，在每年清明节前后举行，除了丹景山，在葛仙山成片种植的油用牡丹和观赏牡丹6000多亩陆续开放。虽然牡丹花会的名气很大，但距离成都市区较远，每年去参观的人数数量要少得多。不过，这也有可能跟成都人与牡丹的象征多少有些关系。

金堂的油菜花节。"碧水菜花黄，襄衣鸬鹚忙。"成都平原一到春天，几乎遍地都可看见油菜花，其中金堂三溪镇的油菜花被称为"最有层次的油菜花"，环绕山峦，层次分明，是赏花拍照的好去处。2015 年的油菜花节主题是"听油菜花开的声音，观最具层次油菜花，赏花果同树奇观"。作为新兴的节日，也吸引了不少人去观光、旅行，在油菜花田里倾听春天的声音。而在春天里，成都周边遍布着油菜花地，单一的赏花，似乎也难以满足需求，说到底，成都人赏花是有着游乐的习惯的。

蒲江樱桃花节。蒲江光明乡 2 万余亩上百万株樱桃花争相吐蕊，樱桃花云遮雾绕，仿若置身童话世界。樱桃花早于梨花开放，樱桃花期特别短，仅 10 天左右，加之这个节日因与其他花节相冲突，并没有引起成都人多少关注。

大邑雾山李子花节。此节日从 2013 年开始在大邑县雾山乡举行，李子花花期持续 1 个月左右。成片的梅花和李子花相映成趣，广达 800 余亩。游客可以在冷家岩、钱院子、丘家山、牟祠堂、老观顶等 5 个最好的观景点赏花，还可以吃到大邑独有的野生农家菜。

青白江杏花节。天气晴好，春暖花开，青白江区福洪镇的杏花已经竞相开放，粉嫩的花朵挂满枝头，遍布山间。2 月下旬至 3 月上旬是观赏福洪杏花的最好时节。此外，青白江还有樱花节。在青白江区凤凰湖湿地公园，亿万朵樱花竞相绽放。包括普贤象樱、日本晚樱、大山樱云南樱花、重瓣红樱花、丽樱花、垂枝樱花等上百个品种，具有白、粉、玫瑰等多种色调，缤纷多姿。

在成都追逐春天的花朵，真有点像日本人追看樱花一般。对爱花的人来说，一个个节日的来临，就像是一场花的盛宴吧。

打金章的记忆

对于老成都人来说，逛花会，观看打金章，或许是难忘的记忆。书法家曾松茂回忆说，青羊宫的"打金章"，好看。这也带动了成都人对武术的热爱。

关于打金章的来源，郑光路《解放前青羊宫的打擂比武》记录：辛亥革命后，四川第一个官办组织"四川武士会"，1912年在成都忠烈祠正街正式成立。四川都督尹昌衡任名誉会长，武林名将马镇江为会长，刘崇俊为副会长，尹昌衡的镖师马宝具体负责。1918年春，四川军政以"团结、尚武"的精神为名，举行了武术比赛——打擂比武。地点设在成都道教圣地青羊宫内，开设三组擂台，第一组擂主是督军的查马长李国超，副擂主是唐伯垌；第二组擂主是余发斋，他儿子余鼎三为副擂主；第三组擂主为马宝。每组主台三日，比赛结果，公认李国超武艺精深。

所谓"打金章"，即武术比赛时颁发给获胜者的奖牌（金牌），又称"金章擂台赛"。民国十七年（1928年），有首竹枝词说："擂台角艺抢金章，集合江湖打打行。柔术本来为国技，大家努力更提倡。"可见当时的武术比赛的盛况。

刘师亮曾在民国十七年的竹枝词里写道："今年劝业八回开，多少英雄摆擂台。手艺若潮休要去，谨防桩你下台来。"这里的"潮"是差劲的意思。

四川武林前辈彭元植口述、程大力整理的《解放前的四川武林和我的习武生涯》说："打金章每年花会期间在青羊宫举行，于阴历二月上旬或中旬开始。选手少时，花会期间便打完了。如果选手多，花会结束尚未打完，便移至少城公园进行。记得有一年，报名人众，仅成都便逾千人，一直打了两个月之久，才见分晓。"

不过，打金章程序也很严格。彭元植说，打金章分为几个阶段进行，首先是打"资格"，资格胜手就算有了参加复赛乃至半决赛、决赛的资格。资格胜手要挂红，所以打资格又称"打红"。资格胜手便可马上打"蓝章"（类似今铜牌），蓝章胜手又接着打"银章"（即银牌）。银章打完后，胜手即开始打"金章资格"。金章资格又分为几选，有一选金章资格，二选金章资格，人数多时，要一直打到三选、四选，逐渐淘汰。打得金章资格的人，要发给证书，但没有金章。如此一直采取循环赛的方式，最后决出名次，取得最后一选金章资格的人才是赢家。这时比赛金牌只有一枚，而打金章一至十名均算金章胜手，即金牌获得者。

尹全德《先祖父尹鸿年与郫县"川西小少林武术"》记载：

"在成都青羊宫打擂，几乎每次都有尹鸿年的徒弟得金章、银章、铜章的。"《郫县志》的记载：民国三十年（1941年）春，青羊宫擂台上，尹鸿年的徒弟陈用和、陈淑竺（女）、尹鸿年之养女尹国术连获三枚金章。据参加过这次庆功宴的钟子魁（尹鸿年弟子）回忆说，席间，有一个绰号"铁脚虎"的外地拳师在饮酒言谈中对尹氏师徒十分傲慢无礼，自称在南京夺过金章，尹自谦的徒弟严学之（新繁人）就用"粘连法"羞辱了这个狂妄傲慢的"铁脚虎"。1947年春，尹鸿年的徒弟周定国用小少林的传统打法，在成都少城公园擂台赛中，和成都军官大队连夺七次金章的梁教官交手，由于周定国手法特别敏捷，结果梁被周定国打败，全场欢声雷动。至此，郫县小少林的声誉响震全川。在县级擂台赛中，尹鸿年的徒弟打金章、银章的就更多了。如杨春连、江远霞、白志成、朱自强、张少白、邓荣先、赵天成等等，有20人之多。

打金章不仅四川省内流行，也吸引了全国的武术爱好者参加。1916年的《新四川日刊》曾报道说，湖北武当山云空长老约峨眉山铁杀和尚莅临打金章的现场，并主擂。这是成都的一次擂台摔跤比赛，结果比赛中仍漏洞百出。这也说明，在打金章的比赛内容中除了正常的武术比赛之外，还包括了摔跤比赛。

有首竹枝词说："流血相争笑此曹，会场新筑擂台高。就中拳法谁优胜，夺得金牌兴自豪。"可见成都人对打金章的热爱，还包括对荣誉的期待。旧时成都也还有不少武馆，从还珠楼主的

《蜀山剑侠传》《青城十九侠》中，我们可以感受到成都人对武术的喜爱，在写小说之前，还珠楼主就三上峨眉、四登青城。他学气功、练武术，可以说为成都武术所着迷。

有一首竹枝词写道："柔术场中尽教师，多少先生学打捶。劝郎莫向旁边立，防他言出手便随。"分明是说参加打金章的人比较粗放。1922年有首竹枝词亦写道："柔术场中技艺精，登台较手看分明。更有一言须记取，打擂来了女学生。"不知这是不是打金章场第一次出现女选手的状况。

打金章在1953年举行后因各种原因停办。近几年，成都又恢复了打金章活动，内容则划分为散打、太极推手、格斗等项目。不过，在成都也有好几个武术比赛项目自称为打金章，但与以往的打金章相比，今天的这项竞技活动更多的是一个文化概念，是民间传统文化的一部分——以擂台的形式，进行武术技艺的交流。

春游锦江

　　千百年来，游乐是人类的天性。对成都人来说，更是如此，没有游乐的话，成都人的生活不知会有几多寂寞。游乐在某种程度上正是成都人生活的真实写照。

　　在成都的旧俗中，二月二是踏青节。起初的游乐地集中在西郊，后来改游锦江，冯广宏《成都游乐的黄金时段》记载："张咏认为不如把游乐集中在一条锦江上，便于管理，于是由他倡导，开展名叫'小游江'的游乐，以锦江水上活动为中心。官府事先准备好锦绣制作船帆的彩船数十艘，前面几艘全是乐队，鼓乐开道；接着是挂满各种旌旗的官船，大小官员分别端坐船中，每只船上都有女演员载歌载舞；官船两旁，是插满刀枪剑戟的卫士船，担任保卫。官船缓缓行至东郊宝历寺，就在庙子里设宴，活动方告结束。这整个过程，八九里长的锦江沿岸，站满了看热闹的人群，注意力全被彩船大队所吸引，并无任何坏分子作案。这一别致的踏青活动，果然秩序井然，治安良好。这天从早到晚，宝历寺庙门口也有小型的蚕市贸易。"

　　张咏是宋仁宗时所任成都知府。若往前算，在唐代的游乐之风就很盛行，游江则起自唐代，宋代最盛。据说这游锦江，还是入蜀躲避安史之乱的唐玄宗带来的。朱文建在《春游锦江》里说："作为川西节度使严武的好友，幕府里的幕僚、大诗人杜甫，肯定也有幸受邀登船一游。他从浣花溪畔的草堂兴冲冲赶来，望着这一盛景，心中别有一番情趣，只可惜他没有留下一点吟唱。"那么，有"小游江"，也会有"大游江"吧。这是四月十九日的游乐活动。据说这一天是浣花夫人的诞辰。

　　《成都府南两河史话》里说："这天一早，府官便出笮桥门（在城的西南角），到浣花祠中行礼，又在梵安寺吃饭。接着上船观看军队表演骑射。一路上，从万里桥西游到百花潭。水上活动有各种水嬉，以龙舟竞渡为中心。这时官舫民船，在江中忽上忽下，体现了官民同乐、军民同乐的风尚。官员们坐够了船，可以上岸休息，岸上临时围起了屏幕，幕中吹竹奏丝，吟诗赋曲。这天的游乐比踏青节更加痛快而彻底。"

　　在"大游江"的当天天还未亮，百姓们就在两岸主动搭起台，张起幕，等着看表演节目，只等官船一道，立刻开演，一条条官船便停泊观看。如果节目精彩，官员们还会纷纷拿出金帛作为赏钱。船队中总有一只大船，装着公家贮藏的好酒若干缸，演员们开演得到一升酒的奖赏。百姓们老早就搭起高达六七层的看台，站在台上观看精彩表演。而这种人头重叠的看台，被官员们戏称为"人头山"。

诗人田况有诗《四月十九日浣花溪泛舟》描写游江：

> 浣花溪上春风后，节物正宜行乐时。
> 十里绮罗青盖密，万家歌吹绿杨垂。
> 画船迭鼓临芳淑，彩阁凌波泛羽危。
> 霞景渐曛归掉促，满城欢醉待旌旗。

这样的节日盛景，不比今天的各种聚会逊色。宋任政一在《游浣花记》里说："成都之俗，以游乐相尚，而浣花为特甚……都人仕女，丽服靓妆，南出锦官门，稍折而东，行十里，入梵安寺，罗拜冀国夫人祠下，退游杜子美故宅，遂泛舟浣花溪之百花潭……凡为是游者，驾舟如屋，饰以绘彩，连樯衔尾，荡漾波间；箫鼓弦歌之声，喧阗而作。其不能具舟者，依岸结棚，上下数里，以阅舟之往来。成都之人于它游观或不能皆出，至浣花则倾城而往，里巷阒然。"可见当时游江的盛况。

陆游有首《偶过浣花感旧》写道："正月锦江春水生，花枝缺处小舟横。闲倚胡床吹玉笛，东风十里断肠声。"如此的场景，真是颇令人怀念的时光。

元代以后，大游江的传统民俗还是沿袭了下来。到了明代，已改游于三月三日上巳日，到清代其风就渐渐地消失了。在嘉庆年间，有一首竹枝词里就说："锦江春色大文章，节物先储为口忙。男客如梳女如篦，拜年华服算争光。"查《成都通览》，就

没有对游江的相应记载。但每年端午节来临之时，在锦江之上赛龙舟，可以说是游江的余韵。

2012 年，成都市交委正式对外公布成都第三批通航水域，锦江城区南河段与府河段，分别有 9.1 公里和 6.71 公里纳入通航水域。不久的将来锦江上将出现旅游观光船，今后还能实现从锦江乘舟直达黄龙溪，再从黄龙溪顺流而下抵乐山，沿岷江、长江实现与"东吴"连通。看到这样的新闻，不免想象昔日春游锦江的景象。早在上世纪 90 年代末至 2000 年初时，这两个水域短暂地开通过旅游观光船，后来经营不善被迫关闭。但至今不见锦江上通航，也着实让人感叹，也许是时下的闲情逸致变成奢侈品的缘故吧。

杂耍江湖

　　成都的好玩，在于这里奇人异事特多，不经意间都会遇到那么几位。这里且说一两位，由此可见成都的好玩。野夫曾在《身边的江湖》里，记录下身边的奇人异事，读来故事有些惨烈。但在成都这个地方，固然会有这样的一面，但更多的则是在不同的江湖里，都有着不一样的传奇。

　　七八年前，曾在九眼桥一带的酒吧混迹。有一年夏天，遇见一位年届六十的老汉，整晚在酒吧里厮混，喝酒、娱乐。像这样的年纪，按道理来说，应该是在家含饴弄孙地生活。却不料在这里能够遇到，不知道的赞一声"老操哥"。在他的后面跟着好几个年轻人，陪他喝酒溜达，那一种情景也真是难得的风景。

　　这事见了，也不会觉得奇怪。喝酒对他来说，更像是一种杂耍。且说有一回我们几个人喝酒，见他性情，不妨拉在一起喝酒聊天，似乎他已喝得不少，猜拳之下，实在是有些喝不动了，就脱衣示众。男女一样的喝法，当然这是玩笑话，主要是能激起喝酒的热情罢了。后来喝到尽兴处，他又买了一打啤酒过来，再去

会会其他的酒友，这一种性情，也很好玩。

那以后，我搬家到三环路外面住了，就很少再去九眼桥了。尽管在今年那里又起了一些波澜，女汉子的做法让不少人想入非非。偶尔一次，走到那里，跟几个朋友喝酒闲聊，竟然找不到曾经的感觉。这才知道，新的传奇早已替代了昔日的英雄。

泡茶馆在成都是一种日常生活。锦江边的好些个喝茶的场所都去过，偶尔也去人民公园的鹤鸣茶社喝喝茶，下午的时候，总会遇到一个老汉，吹着口哨，然后就表演起来，一个啤酒瓶子，他衔着一根筷子，用瓶口立在筷子上，居然不掉下来，这也是一种本事。他也会把一个圆球放在筷子上，可来回滚动几次，而转铁盘也是他的一项绝活。这样的场景，看见了好多次，总觉得稀松平常。他也不过是借着这种杂耍，逗人一乐，顺便收一点散碎银子，只是证明对他的表演艺术的尊重。

像他这样的人在成都街头已不多见。但也有许多类似于他这样的"怪人"，他们所做的事，在一般人看来古怪精灵，未必靠谱。但在其本人看来，却是严肃认真的事儿。比如有发明永动机的，有搞怪的人……他们沉浸在自己的世界里不能自拔，周围也淡然相看。成都是个允许搞怪的城市，你玩你的杂耍，他当他的看客，互不影响。

说起江湖艺人，那可真是绝少了。在成都的茶馆相遇到的还有扬琴表演，但最热闹的则是晚上在美食一条街上的唱歌。歌者大多背一吉他，在饭桌间穿行，唱唱新旧歌曲，吼那一声似乎也是为了喝酒时的助兴。这样的场景，在武汉，怕是非唱一首才能善罢甘休。而在都江堰的啤酒长廊吃饭，亦会遭遇这样的表演。但在成都的表演大多为学生，不能进入酒吧驻唱，就只好混迹于小饭馆，一首歌十元钱，一般也还都能消费得起。有意思的是，问到过好多歌者，却都是安徽的学子。

以后经常遇到这样的歌者，朋友都会笑说，你老乡来了。不过，唱歌可不是我的拿手好戏，所以更多的时候只是喝酒罢了。成都的杂耍江湖由此可见，这里有着不同的分界线，很容易分辨得出来。

不过，要说江湖艺人，就连杂耍艺人似乎都很难遇到。黄宗江、黄宗英、黄宗洛曾出了册《卖艺人家》，记录一代人的卖艺生涯，可如今的成都街头杂耍艺人，还有多少人会留有深刻印象，并作出传记呢。怕是更难得一见，到底是不断强调物质的年代，连好耍、娱乐也变得机械化了，哪里还能有所谓的娱乐精神？由此，或许成都的杂耍江湖也许会逐渐式微下去吧，就像留在记忆当中的"非遗"一样，供后人凭吊和回味。

听川剧

在成都，不听川剧，似乎无法领略成都娱乐的精魂。所以偶尔还会去悦来茶园里坐坐，欣赏川剧的传统之美。

川剧的发展，袁荻涌在《略说清末民初的戏曲改革》中说，领导川剧改良的重要组织是 1905 年在成都成立的"戏剧改良公会"，其宗旨是"改良戏曲，辅助教育"。此会存在只有几年，但在提高川剧艺术和推动近代戏剧改良运动发展方面做出了一定贡献。川剧改良的代表人物是黄吉安。黄吉安（1836—1924），名云瑞，四川成都人，前半生做幕僚，66 岁之后始从事戏剧创作，一生创作和改编剧本百余种。黄吉安的剧作可分为三类：一是歌颂反抗侵略的民族英雄和爱国志士，如歌颂文天祥殉国的《柴市节》，赞颂岳飞抗金的《朱仙镇》，写梁红玉大败金兵的《黄天荡》，歌颂抗英禁烟的《林则徐》等等。这些剧本塑造了众多光彩照人的英雄形象，极大地鼓舞了人民的斗争精神。二是揭露封建社会的黑暗，抨击封建统治阶级的昏庸残暴、贪婪无耻的丑恶行径，如《闹齐宫》叙写齐桓公病危时，他的几位夫人为给自己的儿子争夺王位而自相残杀，准备将齐桓公饿死夹墙的种种丑行；《春陵台》写宋康王千方百计想霸占他人妻子。这些作品实际上是影射讽刺清末民初的封建统治者的。三是提倡科学，反对封建保守的作品，如主张禁毒的《断双枪》，揭露封建迷信的危害性的《邺水投巫》，提倡妇女放足的《凌云步》等。这些历史剧都具有较强的现实意义和鲜明的时代特色，借古鉴今，服务于当时的思想启蒙运动。此外，赵熙的改良川剧也取得了较大的成就。

作家巴金在他漫长的 101 年人生旅途中，始终乡音不改，喜听川剧，吃川菜，尤喜"夫妻肺片"。这是曾生活在成都的人对川剧的情结。

老舍在《青蓉略记》记下看戏的事：吴先忧先生请我看了川剧，及贾瞎子的竹琴，德娃子的洋琴，这是此次过蓉最快意的事。成都的川剧比重庆的好得多，况且我们又看的是贾培之、肖楷成、周慕莲、周企何几位名手，就更觉得出色了。不过，最使我满意的，倒还是贾瞎子的竹琴。乐器只有一鼓一板，腔调又是那么简单，可是他唱起来仿佛每一个字都有些魔力，他越收敛，听者越注意静听，及至他一放音，台下便没法不喝彩了。他的每一个字像一个轻打梨花的雨点，圆润轻柔；每一句是有声有色的一小单位；真是字字有力，句句含情。故事中有多少人，他要学多少人，忽而大嗓，忽而细嗓，而且不只变嗓，还要咬音吐字各尽其情；这真是点本领！希望再有上成都去的机会。多听他几次！

这是在川剧院听戏。成都除了戏园之外，还有业余戏剧爱好者组成的团队。

王笛在《20世纪初成都的街头茶馆》说，业余川剧爱好者是茶馆中的另一类活跃分子，他们定期到茶馆聚会唱戏，称"打围鼓"，亦称"板凳戏"，以参加者围坐打鼓唱戏而得名。参加者不用化装，也不需行头，自由随意，他们自己既满足了戏瘾，也给茶客增添了乐趣。《成都通览》里的一幅画描绘了这项活动。

诗人木斧曾在文章里说，美学家王朝闻在1987年到绵阳看出土汉代说唱俑。返回时，他还想找个茶馆听一听川戏围鼓（即川戏坐唱）。当天晚上，从晚八点到十二点，绵阳市川剧团在排演楼上泡上清茶，为他举行了长达四个小时的川戏清唱。

黄裳在《关于川剧》说，"三年前经广元入蜀，在成都勾留十天，听了两次川剧。"他对川剧的印象是"川剧中特别多凄楚之音"。学者唐振常在《蜀中文化最关情》说："一九七九年初次返川，天天晚上看川剧，还请了十余位同去开会的人共饱眼福。八十年代再去，川剧演出已大为减少，仍可一见。三去，四去，在成都看不到川剧了。成都川剧院的朋友为我费尽心机以慰我的乡情，结果是须远足温江方可一见，终于废然未去。"这一层落寞尽管在后来提出"振兴川剧"的口号，还是无法让川剧走向曾经的光荣岁月。

关于川剧变脸，王溢嘉在《川剧变脸与章鱼的联想》里说，一提到川剧，几乎每个人都会立刻想到"变脸"，它已成了川剧的招牌。在锣鼓声中，舞台上的演员袖子一遮，头一甩，瞬间就变出另一张脸谱来。现在川剧界最年轻的变脸王何洪庆，在短短的一秒半时间内即能变三张脸，其技艺之精湛实在令人叹为观止。

川剧的变脸有抹脸、吹脸与扯脸三大类，我们现在所看到的主要是扯脸：演员先在脸上贴十几张用绸子做的极薄的脸谱，在表演时，利用障眼法和机关用线将原来的脸谱扯走藏起来，瞬间露出下一张脸谱。怎么扯怎么藏，说来容易做来难，撇开技巧不谈，川剧之所以需要变脸，主要是想借助具体可见的脸谱颜色及图案的变化，来反映剧中人物不可见的内心思想情感的变化。这样的用意和做法让人想起大海里的章鱼，章鱼就会因愤怒、恐惧、兴奋等情绪变化而像川剧变脸般在瞬间改变皮肤的颜色和图案，譬如从碎石黄变为斑驳的褐色，再变为惨白色，又变为深灰色。

不过，今天的川剧变脸不过是一种吸引观众的方式，在川剧中也不是顶重要的一环。如今谈起川剧，仅仅是变脸吐火，似乎就代表了。但川剧里的故事，岂是这简单的表演就能代替了的呢。

如今，听川剧的年轻人少了，也是不争的事实。在悦来茶园听川剧的人以老年人居多，由此我还到这里寻找川剧的旧事，也许这许多故事没有人在打捞，终究消失在历史烟云里了。有时逛旧书店，遇到与川剧有关的书，不管内容如何，都买下来看看，这种纸上阅读当然比不上在戏园里听川剧。幸好，手边还有一册《巴蜀梨园掌故》，以慰我对川剧的情怀。

卷二 行走

居游成都，这些出行的方式，也是风景。

轿子：最早的私家车

轿子，古称"肩舆"。其原始雏形产生于公元前 21 世纪的夏朝初期。在成都使用轿子也是有着悠久的历史。在晚清时期，成都的交通工具，唯一能代步的就是轿子。

吴剑洲、胡重威在《成都交通今昔观》里说，晚清时，制造轿子的行业和开轿行（轿铺子）的先后发展了好多家。比较大的如升平街、暑袜街、康公庙街、青石桥街、骡马市街有十多家制轿行业，并经营轿行（轿行是买来许多轿子，专供没有职业的劳力去抬有钱人，行主抽租金）。官方还制定了轿价表，规定多少路程收多少钱，不得乱收费。郭沫若曾赞："新藤小桥碧沙纬，坦道行来快若飞。"

这时成都的轿子分为：

官轿，又名"拱竿竿"。轿竿有两种形式，分"蛾眉俏""鹰爪子"两种。轿顶叫纱帽头，轿身用竹篾编成，轿底及轿身用竹木结构，用绿色呢子绷面，二人抬前后，再用四五人捧竿而行，不断换班，行走用小跑，轿顶高于檐际，以示威风。因轿竿是拱形，从侧边看去，像一顶官员的纱帽，故名"纱帽头"。

士轿，造型略差一点，是用蓝色鹅蛋呢绷面或斜纹呢绷面，为官宦家庭及缙绅人家使用。竿弯一尺多，稍有拱形，没有官轿那样气派，轿顶是平的，故称为"平顶冠"，一般是三人换班，俗叫"三丁拐"。

李劼人在《死水微澜》里记录了赶青羊宫时，路上遇到了鸭蓬轿子，从瘟祖庙（从现在的指挥街与盐道街交界处继续往南走约50米，再向左拐就是瘟祖庙街）到青羊宫，轿夫喊价六十个钱，结果讲价到四十八个钱。

抬轿者也有自己的行话。《成都交通今昔观》记载，如前者大声报——"照高"，就是说高处有障碍，轿顶不能通过。后者就答应——"弓腰"，同时就弯着身子行走。这样的口歌有几十个问答："两靠、对冒""前踩左、后踩右""左边力大、让它一下""王三槐、反起来""前面一座山，走拢才转弯""之字拐、两边甩""两夹板一洞、踩板莫踩洞""滑得很、踩得稳""天上明晃晃、地下水汹汹""升平、倒治""天上一朵云、地下有个人""水花、稳权""天上雀鸟飞、地下屎一堆""搓底、撑起""天上一把刀、地下乱糟糟""高矮、雕踩""石板不稳、踩紧不滚""坎子、点子""说滑就滑、踩稳再踮""点子花、莫踩它""鱼塘不知深浅、边边要浅点""花花路、踩干处""越上越陡、越扒越有""风调雨、倒挂金""一身是汗流、要钱打清油""滥草鞋、扔起来""爬坡又翻山、汗水流裤单""抬头望、

有坡上""坡上是滑路、客人要让步""伴伴坡、慢慢梭""坡路已上完、客人要添钱""稀泥滥窖、各踩各照""伴伴下到底、快慢由在你""大路朝天、各走一边""越下越陡、添钱打烧酒（或走稳才走）"想不到抬轿子还有如此的情景，若不是领教过，怕是难以记述得如此详细吧。

有首竹枝词说："二人小轿走如飞，跟得短僮着美衣。一对灯笼红蝙蝠，官亲拜客晚才归。"说的是轿子的民国旧事。在民国时，一乘精致的轿子，价值多达二千余元。

郑蕴侠《闲话轿子》载，民国时期，四川军阀刘湘、王陵基、唐式遵、杨森等都使用轿子。"五老七贤"中的尹昌衡、方鹤斋所使用轿子是沿用了清制又加添时新花样，成了稀奇古怪的交通工具。大小军阀争先恐后地巧饰自己的轿子，其中典型人物首推二十一军刘湘的机关枪司令刘树臣，他是大邑县人，肥矮五短身材，满脸金钱大麻子，几乎难分鼻嘴眼睛，是一个一字认棒槌的人。那副尊容又酷似老太婆相，老百姓就起绰号"刘老婆婆""麻老太婆"。他常对部下说："老子当司令有马上的威风，还要斯文风。"为装出"斯文风"，他整天穿长袍马褂，坐大轿，在轿子的前后左右四角挂上栀子花或白兰花、茉莉花做的四个鲜花花篮。

轿子后来渐渐地退出了日常生活，但其作为"花轿"的形式还保留了下来。轿子，在成都市区已是难得一见的风景了，但在乡镇上偶尔还能遇到花轿。

滑竿的妙趣

关于滑竿的出现，有一个故事是这样说的：民国五年，蔡松坡入川，在战争中使用担架，抬伤亡人员。川人感觉担架比轿子轻便简单，视线不受障碍，因而改担架名称为"滑竿"。后来地方人士总觉妇女坐滑竿抛头露面，太不雅观，故以黄包车为代步工具。滑竿在市区就逐步被淘汰了。

但考察滑竿的历史，似乎比这个要久远一些。作为一种代步工具，滑竿的出现方便了出行，不管是在山地还是在平原都很相宜。在山地，上坡时头向下，脚朝天；下坡时头顶天，脚朝地；平路上心情才放松下来。滑竿"嘎吱嘎吱"、上下闪动，坐在其上观赏沿途秀美的风光别有一番感觉。

史料记载，老成都出东门到牛市口，在牛市口街边上，摆放着许多滑竿，竹竿收拢靠立墙头，整整齐齐一排，头上缠着白色或黑色头巾的抬竿人站在一旁等生意。举手即来很是方便，从牛市口到沙河堡这段路程，滑竿的"脚费"两角。

出生于青城山脚下的艾燕根回忆说："抗战时，蒋介石、冯玉祥在重庆躲难，到过青城山。那时候不通车，他们从都江堰一路过来，坐的就是滑竿。我们这儿八九十岁的老人，还有人抬过蒋介石，说给的报酬是银元。"

台湾作家琼瑶曾在《剪不断的乡愁》写过在青城山坐滑竿的事：一辆滑竿，索价八元人民币，合台币六十四元，包括上山与下山，简直太便宜了。陈主任和黄福扬还要讲价，我们已经心生不忍。别人走上山已经够累，他们要抬人上山多么辛苦，怎么好意思讲价？所以，我们一叠连声地说："可以了！可以了！不要讲价了！"这是1987年的事。

抬滑竿是体力活，也需要注意技巧。《华西都市报》曾记录下抬滑竿的行话：前面抬滑竿的轿夫抬着客人，后面的视线多被挡住，他要靠前面的人传话告知路面情况，俗称"报点子"或"报路号子"。前面路很平直，前呼"大路一条线"，后应"跑得马来射得箭"。要上坡了，前呼"步步高"，后应"踏稳脚"。前面的路弯拐多，前喊"弯弯拐拐龙灯路"，后应"细摇细摆走几步"。路上有牛粪，前呼"天上一枝花"，后应"地下牛屎巴"。路上有块石板松了，前呼"活摇活"，后应"不踩角"。一报一答，见啥说啥，轿夫振奋精神，鼓舞劳动干劲。抬轿号子简短明了，言语诙谐风趣，在山间喊起，声音嘹亮雄厚；在闹市对话，更添生气。

在重庆，抬滑竿的人为了安全、顺利的行进，就编了一套像诗一样的顺口溜，也就是通常说的"行话"，沿途叫喊，使抬滑竿者互相照应，左右招呼。大多是前者呼后者应。因此，抬滑竿者也被称为"滑竿诗人"。

赵兰在《妇女团生活片断》说道红军女战士在丛林里抬担架的情形："最苦的是在后面抬的同志，根本看不见路，山陡路弯，一不小心，就掉下悬崖，有的就这样牺牲了。"随后，她们意外地学会了抬滑竿的"行话术语"，使在抬运伤员、运送物资中减少了伤亡。

今天我们所见到的青城山滑竿是在1986年逐渐发展起来的。艾燕根回忆说："青城山滑竿迎来发展的高峰，是在1996年到2002年，尤其是2000年青城山申请世界自然遗产成功，生意特别好。前山后山，加起来有两百多顶滑竿。政府也重视，给我们统一服装，统一滑竿样式。叔伯们早对滑竿进行了改良，以前是椅子，逢着陡坡，直上直下，客人很怕。现在改成软垫子，如走平地。"

在青城山、峨眉山等风景区依然可见滑竿的身影，像我这样的胖子，每次爬山，滑竿师傅总是吆喝几声，却从没有坐一次滑竿。去年，跟画家唐老师几个人去青城山，唐老师坐滑竿上下山，虽只是从山门到天师洞，还是付了钱，并送给师傅各一幅画，乐得师傅连连说："赚了，赚了。"如今，滑竿不仅是代步工具，也成了景区的一道风景。

溜溜马：最早的出租车

民国十二年（1923），"四川怪杰"刘师亮写有《成都青羊宫花市竹枝词》，共三十首，其中有一首写道："正好清游兴未央，忽惊天外坠斜阳。催归莫喊溜溜马，走到城边有轿行。"

溜溜马是何种交通工具？

这还得从马说起。四川主要产两种类型的马——河曲马和建昌马。繁殖于川西北，三江源头附近的河曲马，耐力强，一匹能负重200斤到300斤；而生于西昌的建昌马，个头矮小、体格健壮，善走山路，翻山越岭如履平川。

清时，旗人入关，改换了天地。作为马背上的民族，旗人进入成都之后，马自然也就成了日常的交通工具。如走马街，其街名就是缘于晚清时，其周围分布着按察使司署、总督衙门和提督学院等三个衙署，是全省的政治、军事、司法、教育中心，当时没有小轿车，交通工具还是马。这条街上马来马去，形成了这条街的特有风格。成都又有地名曰骡马市，是为清代骡马交易的市场所在地。按成都的旧俗，凡畜马者，每年农历正月初四必乘马到此街一游。

早至秦汉时，南丝绸之路即从成都出发，马匹驮运货物成为一种必需，这样的风气一直有所延续。虽然我们无从得知四川人养马的详细史料，但从现有的地名，以及历史的星点记录看，都不难发现，成都人在养马方面亦有独到之处，比如在南宋时期，成都供应了与敌作战的马匹。到了晚清时节，成都也有许多的马店。成都马匹众多，在城里还成为米店运送大米的功能，除了驮运货物之外，还可以作代步工具，因此就延伸出了"溜溜马"。

李劼人在《大波》里说："武侯祠只有正月初三到初五这三天最热闹。城里游人几乎牵成线地从南门走来。溜溜马不驮米口袋了，被一些十几岁的穿新衣裳的小哥们用钱雇来骑着，拼命地在土路上来往地跑。"可见溜溜马只是通常意义上的骑马行走而已，因在街市上，才有"溜溜"之说。当时公子哥爱坐溜溜马，大概是与骑在马上更显得洋盘一些相关。《大波》所写的是保路运动前后之事，可见溜溜马已开始出现，并相继成为代步的潮流。

民俗专家刘孝昌曾说，农历二月到青羊宫赶花会，三五里路，年轻好要的公子哥儿在马夫的搀扶下上了马，还要问一句"不会摔着我吧？""不会不会，这马走路稳着呢。"马夫满脸堆笑。慢倒是真的，这些以前不跑山路，以"驮米"为职业的马习惯慢腾腾走路，倒是马背上的乘客，目的地到了，骨头也快被抖散架了。所以说，坐溜溜马，不如坐轿子更为舒服。

坐溜溜马，似乎是只有成渝两地才有的风景。陶灵在《老重庆的出租车》里说，"1915年，骑溜溜马从老厂至黄桷垭收费200文、至龙门浩400文、至南坪700文、至弹子石一吊。"成都的溜溜马收费，我查找相应的资料，没有详细的记录，想必价格也是相差不多的吧。

继溜溜马之后，马车也相继在成都街市上出现了，但溜溜马作为代步工具也还保留着。随着交通工具的发展，在成都，只是越来越少有人去坐溜溜马了。

代步工具鸡公车

　　去年，带着家人去安仁镇游玩，朋友带着去逛了刘文彩的刘氏庄园，在泥塑群像《收租院》里，可以看到，当年农民向刘文彩交租谷就是用鸡公车推送的。晚上，在旅馆读《刘文彩真相》，虽然说历史的误读可真是随处可见，但那鸡公车确是川西平原独有的产物。

　　李劼人在《天魔舞》里提到过"叽咕车"，是"诸葛武侯所发明、一直流传到今，似乎略加以修正的木牛"。白知时想改造叽咕车，却被推叽咕车的老余呛说了一顿："不说我上代人，光说我罢，从光绪手上推叽咕车，推到而今，以前除了农忙外，一年四季的推，矮车高车啥没推过？而今有了点岁数，才是熟人招呼着推趟把两趟，三四十年了，并不见我的膀子震来拿不动筷子……"

　　这里说的"叽咕车"就是时常所说的鸡公车。在成都市区以马匹代步。出了城，成都的乡间道路狭窄，所以鸡公车很流行。

　　鸡公车主要由车身、车轮组成。车身是由坚硬、质韧的木材如楸、橡、椴、槠、樟等树木劈凿刨制成的。车杠粗壮，长2米，前窄后稍宽，前半部分即安装车轮处约60厘米和手推部分约70厘米，胶轮安装在中间稍前一点部位，车轮上高出部分穿凿有车架，两边用硬木穿凿耸起，避免摩擦到车轮及所运货物。远望，耸起的车架酷似公鸡的冠，故俗称"鸡公车"。

民国十二年（1923），在成都办过《师亮随刊》的刘师亮有首竹枝词写青羊宫花市："车坐鸡公价不奢，周围一转布蓬遮。车夫揽客殊堪笑，不喊先生喊姥爷。"在注释里，他说，是时成都尚未有马路，多以鸡公车载客。这时除了鸡公车外，代步工具还包括马、溜溜马和轿子等。

在日常生活中，成都人所需的粮食、用品若从水路运到成都，再靠鸡公车运输到商店里去。晚清至民初，各路鸡公车云集成都，车轮损坏街石，引起市民和车夫发生矛盾，后来在街中心修建石槽，专供鸡公车行走，才解决了这个矛盾。不过，汉代的独轮车也叫鸡公车。晚清和民国时期，不少农村人进城也用鸡公车。但鸡公车也有差异：高车一般用来载货，矮车在车上铺块布，便可用来载人。

虽然坐鸡公车方便，价钱也不贵，但鸡公车也并非是十全十美的代步工具。比如，讲卫生的人"宁可天晴踩香灰，下雨踏浆糊，也不愿找这个代步""并非讲人道，是在是怕受罪"。

推鸡公车要讲究技巧，有首推车歌里唱道："一要眼睛灵，二要手撑平，三要脚排开，四要腰打伸。上坡腰弓下，下坡向后蹦。背带要绷紧，平路稳到行，转弯悠到碾，早把路看清。推车本不难，只要有决心。"又有首打油诗说鸡公车的妙处："鸡公车，真正好，不吃粮食不吃草，农忙时推庄稼，农闲又把百货拉。"

陈思甫在《西北桥的由来》里说，1930年代西门一带，有地近20亩，每年砍割的茅草数万斤，都是卖给窑户。砖瓦销售也多数过河往西门方向。在窑户的砖瓦十分畅销的情况下，一只渡船不能承担，用鸡公车推运砖瓦的力夫，在河边按次序等候，常常等两个多小时才能下船，每天能推四车的，等船下来只能推两车。此后，修建了西北桥，桥宽一丈二尺一寸，两边立栏杆。桥面两边离栏杆二尺四加钉宽一尺八寸的厚木，上面再钉扣铁板，专为推鸡公车行驶，鸡公车来去都靠右行。可见当时的成都还是随处可见鸡公车的身影。

白郎在《鸡公车，收拾几抹斜阳》里记载：1940年11月27日，叶圣陶从崇州动身，在乡间竹影斑驳的土路上迤逦而行，坐了30里的鸡公车，车价3元。

此外，亦有史料记载，民国初期，广汉几乎家家都有鸡公车，有的还多达二三辆。这也说明鸡公车在川西的流行程度。1956年，据不完全统计，全四川仍有鸡公车50多万辆。现在，鸡公车几乎退出了我们的日常生活，在四川的一些民俗博物馆里还能找见它们的身影。

便捷的黄包车

　　1933 年 2 月 7 日的《国民公报》上有条资讯说，本市橡轮人力车夫，前为车商加租，曾开会反对，请求商方酌量减少，但因尚无丝毫结果，致使酝酿将及半月，未得正式解决。现刻各工众为力谋减轻负担起见，特推出人员，组织成都人力车工友反对车商私加车租代表团，拟定期集合全市车夫请愿云。

　　人力车夫相继罢工，在以前是从未有过的事。此后，《国民公报》相继关注成都的人力车夫的罢工状况。这人力车在成都，被称为"黄包车"，这车又被称为"东洋车"。李劼人《死水微澜》里说其是"仿制的木轮裹铁皮轴下并无弹簧的车"。

　　熊志敏《谈谈少城车码头》说，少城车码头，1930 年代军阀混战时期已经形成，一直到 1949 年为止。它的位置在现在半边桥与东城根上街、西御街与祠堂街十字口交叉处，连接东城根上街口至半节巷。所谓车码头，就是黄包车的停车场，这里是成都最大的一家。

　　追踪起来，黄包车出现在成都的街头是在 19 世纪末的事。吴剑洲、胡重威《成都交通今昔观》记载，光绪三十年（1904年），宋云岩太史由京回川，仿效日本制造命名东洋车。因管理无方，被官方禁止。光绪三十二年（1906年），由商务局总办沈某委傅樵村创办制造东洋车，计有一百余辆，都是木轮。傅又特别用橡皮钢丝为轮，专制了二辆最优者售给劝工局，曾轰动一时，但锡制台只准橡皮轮的二辆入城，其他木轮的不准进城通行，只准在青羊宫花会时用。

马士弘《成都人力车史话》说，1913年留日归国川籍工科界人士郭玉珊、韩子葵等人，向当时都督府建议，经获批准校址在包家巷的四川省甲种工业学校成立，郭玉珊任第一任校长。国内工业师资缺乏，聘请了日本、英国教师数人任教。学校开设化工、机械、冶炼、印染四个专业，各有实习工厂。一机械实习工厂设备，大多来自日本，比较精良，产品质量优良。产品计有打米机、磨面机、虎头床、水泵和仿日黄包车（因仿造日本东洋车，又名洋车）。特别是黄包车，一经试销，就供不应求，工厂随即增加生产，一两年内，逐渐有取代当时市内交通工具——轿子和独轮车的营运趋势。以后民间机械手工作坊，也纷纷起来仿造，使黄包车逐渐成为市郊主要的交通工具。经营这一行业的车行（有的是轿行转业的），也应运而生，逐渐掌握了全市的交通业务。

在1920年代，成都市面上还出现了一种"包车"，此车比黄包车高级、舒适且制造比较精美，设备齐全。这种车最先是由上海制造商"丙记铁作所"带来所需原材料，再与成都木器订做车座装配而成。以后本市几家大的木器商仿制，造出更为精美华丽的包车。此车常常为"官二代""富二代"所使用。

《成都人力车史话》记载，每当傍晚时分，在春熙大舞台、悦来茶园、新又新川戏大舞台，以及荣乐园、竟成园、明湖春等大餐馆门前，都是挨个摆满私包车，显示了这个城市的另一种繁华景象。待到戏散餐罢时，一拨花姿招展的太太小姐，还夹杂着丫环扶着老太太们拥出门来，纷纷踏上各自的私包车，铃声大作，响彻蓉城上空。车夫在路面上奔驰，年轻丫环则紧跟车后，形成了这个城市的又一种奇妙的风情。

画家唐劳绮老师曾回忆说，幼时在成都到悦来茶园看川剧，虽只有几百米的距离，因外公江梵众不能长时间行走的缘故，就只好坐黄包车来去。那已是 1950 年代的事了。

不过，随着交通工具的改变，黄包车在 1949 年之后相继退出了历史舞台。

成都最早的公交车

2009年"6·5"公交车燃烧事件，让我们的视线再度关注到我们日常生活当中的公共交通问题。成都最早的公交车已经成为久远的记忆，唯有那些老照片记录着那一段段历史的细微，却能见证一个城市的温情。

成都出现汽车的时间比较晚。吴剑洲、胡重《成都交通今昔观》记载，1924年没有路面的马路已大体修好，但天晴可以行走，如果下雨黄包车没法通行。经杨森找来一位外国留学生张仲华，他很有远见，主张要发展实业，必须先从交通入手，自行投资赴上海，在美国洋行订购了五部福特四缸汽车和一部奥斯丁小汽车。车买到手，但没人驾驶，更不会修理。又由张仲华亲到上海，经人介绍又专程到北京特聘来郑月庭技师，既懂修理又能驾驶；他又训练了几个徒弟，自己只驾驶小汽车，把福特汽车交徒弟驾驶。郑月庭曾在茶店子碾死了一个人，因为他是特种技师，仅由官方给点安埋费，本人不受法律制裁。但这次尝试很显然是以失败告终了。

1925 年，客居成都的营山士绅何羽仪、天全石棉商人胡又新集资 10 万元（银元）组成华达汽车公司，公司地址在实业街。从上海购回美产 1.25 吨卡车底盘 7 台改装客车，计划经营成都至新津长途客运。因该段马路未通，便于 1926 年 1 月，将其中 3 辆用于城区客运。一时全城轰动，汽车在街面行驶，孩子们跟在后面奔跑，大声喊着"洋房子走路了"。

路斯《成都第一家公共汽车公司》记载，华达公司所拟定的全城行驶公共汽车的线路，相当周密细致，布局也很科学，行车路线划分为东、西、北、中区。东区由西门洞，沿途经东大街、东西御街、祠堂街、将军衙门、长顺街、红照壁、磨子街、西字丁街、青石桥、东大街、春熙路、总府街、提督街、鼓楼街、新开寺、北大街，为十站；西区由西门洞至东门洞，途径西大街、笆笆巷、青龙街、西府街、正府街、线香街、顺城街、皮房街、提督街、总府街、湖广馆、棉花街、纱帽街、东大街、东门口，设十站；北区由北门洞至南门洞，途径北大街、新开寺、鼓楼街、顺城街、盐市口、东西御街、三桥南街、红照壁、南大街，设九站；中区由商业场前门到实业街，设七站：经总府路、提督街、盐市口、东西御街、祠堂街、长顺街、将军衙门、实业街；又由商业场后门到槐树街东口，设七站，经华兴街、小什字、忠烈祠、东西街、白丝街、玉带桥、西玉龙街、草市街、东门街。每一站口，都钉有标志，载明经过街道名称。每站收取车费铜元一百文，游环城收大洋五角。

公共汽车在 1926 年元月正式运营。滑竿、马车、黄包车的市场也就难免受到影响。1928 年，有首竹枝词说：便利交通说有年，汽车今日见吾川。"春熙路"到"青羊"去，厂板才需一块钱。这大致可看出成都人对汽车的态度。

然而，这却遭到黄包车业竭力阻拦，"五老七贤"甚至说，"汽车隆隆其声，巍巍其状，形如市虎，谈虎色变"，并造谣称："坐公共汽车不吉利，很像一口棺材在街上走"等等。督办刘湘为顺"民意"，对公交车实行了武装制止，致使该公司在四个月后便告夭折。1938 年 3 月，邓明枢等人又建议官商合办公共汽车有限公司，拖到 1942 年 12 月开业，设有木炭车 12 辆，经营东西、南北线路两条。

《华西都市报》记载，那时可谓全城轰动，汽车在街上走，孩子们跟在后面跑。这 7 辆改装客车是木炭车，用木炭做燃料烧火，靠蒸汽机带动运转，动起来"轰轰"作响，燃放的一部分烟雾从车尾排出，看热闹的人大声喊着"洋房子走路，大花轿放屁"。

客车跑完城东西、南北两条线路是 5 毛钱，围着城绕一圈就收 1 元钱，出了城区的长途价格就再贵些。长途不是每天都有，凑得够一车人，才能发车。跑车的人拿足了派头，这一天人不够，你买到了票也能把人轰下车；而且下雨下雪不发车，十足的讲究。

十年后的 7 月 1 日，成都公共汽车公司在盐市口举行了开业典礼，由"小道奇"汽车改装的 16 辆公交车上路行驶，由此开始了成都公共交通的历史。"小道奇"汽车的改装工作当时是由成都棉花厂承担的。车的容量虽小，但一个月下来，竟然也能载客24万人次，且这批车用了七八年报废。

当时，公共汽车只有一条线路，从盐市口到梁家巷，在售票开行大概一个月后，延伸至火车北站。刚开始，公交车上一概不卖票，车票均在车站购买。坐公交车两分钱起价，每过一站增加两分钱，最高票价也不过一角四。

流沙河回忆说，乡下农夫专程来坐公交车，问他到哪一站，他说："管他妈的，坐三分钱。"这样的经历在今天看来颇为奇特："车来了，是鼻头伸在车厢外的那种……容量不大。那时尚未见过更好的车，亦不嫌其简陋，坐在靠窗位置，欣看沿街低矮商店急速后退，很不免阿Q，觉得高出世尘，想抒豪情，歌颂一番。"

这样的情景，随着城市规划的发展，成为日常生活的一部分。如今的公交车出行的便捷，也在说明成都人对公交车的态度发生了许多改变，但这一段发展史却也是成都市井生活的轶闻了。

锦江里的船

　　成都水系极为发达，从现今遗留下的以桥命名的街多达四五十条，而与水系关联的街名约有七八十条，由此可知，早些年间，成都也是类似于水城的地方。《华阳国志》称："蜀江众，多作桥，故蜀立里多以桥名。"

　　传古代蜀王曾造有鹦鹉舟、太白舟。至于样式如何，不见相关的历史记载，不妨可以从晋初王浚造木船来推测：此木船身长120步，能容纳2000人；船舱是木结构城楼式的，有四道门出入；主舱四面的通道可以骑马来往，船的宽度估计要超过20米。

　　在西汉时期的成都民俗，成都人到二江去看游鱼，是民间春游的重要活动；而夏季，大家多半沿河垂钓，站在堤岸上观看龙舟飞舟竞赛。在江边举行宴会则是富豪人家经常做的事，民众也在旁边参与，只见宾客往来，热闹异常。扬雄《蜀都赋》里说：

　　尔乃其俗，迎春送冬，百金之家，千金之公，干池泄澳，观鱼于江。若其吉日嘉会，期于倍春之阴，迎夏之阳，侯、罗、司

马，郭、范、晶、杨，置酒乎荥川之闲宅，设坐乎华都之高堂。延帷扬幕，接帐连冈。众器雕琢，早刻将皇。朱缘之画，邠盼丽光。

在更早的时期，成都的江上漂流着的并非是船只，而是竹木材料，源源不断地送来，制成各种器物。成都的江上来往的船舶相连，橹声欸乃，一派繁荣景象，这也是成都的一条便捷运输线。

后蜀时期，孟昶大宴百官，游浣花溪，坐在龙船上看水戏。当时有诗写到："十字水中分岛屿，数重花外见楼台。"

此后，成都繁华依旧。且在沿河兴起的酒业，在每年的十月份举行酒市。张籍《成都曲》里说："锦江近西烟水绿，新雨山头荔枝熟。万里桥边多酒家，游人爱向谁家宿？"可见当时的万里桥边的风景。早在唐代，韦皋就在万里桥隔江设立新南市，使流江南岸人家超过万户，楼阁相连。至五代前后蜀时，新南市是游宴之区。这亦有不少诗歌记载，如"南市沽酒醪""斗鸡南市各分棚"等等，可供解读这盛况空前的逸事。

游江文化则在这一时期发挥到极致。令人想象当时的成都人生活的场景，在不知不觉中过着舒适的日子。当然游江的过程中，也会有船宴。刘澜在《锦江沙河船宴》说：

船宴分为几等。简明的一般为以鱼为主四菜一汤，几个冷盘碟子，一壶酒。中等价位的菜，有蒸炒炖菜八品，两个汤。高等价位则上三蒸三扣九斗碗，可供十来位客人就餐。船宴的菜，都是川菜的大众便餐菜和家常风味菜，由于是新鲜蔬菜活鱼虾，分量足，红烧鱼吃剩下的鱼头、大刺、尾巴还会加鲜菜熬汤，冷碟多从寺院道观新取，极为可口。乡土风味令人耳目一新，游客自然赞不绝口。

船宴菜多、鱼鲜，价格比沿河餐馆酒楼便宜，还能吃到城内难以品尝的炸蚕蛹、活水豆花、炸鹌鹑、铁板豆腐干等风味小吃，因此中产阶级以下和学生哥是河中常来的游客，中午打平伙（AA制）吃得舒服之极。

就在客人们饮酒划拳，品尝佳肴时，不知不觉间，船老大已起锚撑船，缓缓向出航地移动，上行船顺航道，逆水撑船，移动不快。待酒醉饭饱，才发现落日余晖映照晚江归鸦，薄雾轻披江面沙洲，岸上竹林茅舍已冒炊烟，鸭儿船、搬罾船已唱着渔歌远去，客人落碗登岸，互道珍重告别。船老大一竿将船撑远，踏江返家，留下越来越远山歌歌声，给游客留下不尽的遐思。

这一道风景，如今已在锦江上消失掉了。这不免让我想起作家、学者王稼句笔下的苏州船菜：早自晚明就已在苏州盛行，至民国时期仍存在，而且还有进一步的发展。大船是用轮船拖带，在船中用餐，同时一边游览风景。到虎丘冷香阁与枫桥寒山寺一带，只要一天的行程。船菜到民国则成为苏州某些特定菜馆的特

色菜系。这样说，不免让人感叹，倘若船菜在成都依然流行，也许会成为川菜当中的重要分支吧。

公元1281年，意大利人马可·波罗曾游历成都，后在《马可·波罗游记》一书中描写了元代锦江的盛况。大小河流交错汇合，岸旁码头商贸繁荣，无不让他想起万里之外的故乡水城威尼斯。这一时期锦江上的船只来往，亦与生活与饮食相关。

民俗学家刘孝昌称，旧日成都府河、南河（现统称锦江）"两江环抱"，水色空濛，樯橹如林，帆影盈江。粮食、烧柴、木头、烟草、草药在北门大桥、东门大桥、老南门大桥、安顺桥、九眼桥五大码头集散，蜀麻、蜀锦甚至扬帆远航到荆州，再转到江陵（南京）。

河流的客运功能，因城内流域不宽，乘船较慢，因此多体现在与外地之联系。蜀汉至宋代，远行的成都人在老南门大桥码头登船去往重庆、汉口、扬州。明末清初，"客运"码头由老南门大桥（万里桥）变为九眼桥码头，游子远行，两日内可达嘉州（乐山）。

《成都府南两河史话》记录了晚清时锦江上的摆渡船："沿河还设有不少的渡口，乘船过河，船儿悠悠，树影、房影和两岸的一切倒映水中，别有一番都市中的乡野情趣。"河水上升时，船家将一根长竹索的一端固定在上游的河心处，另一端牢牢地绑在船桅上，待乘客上船后，摆渡艄公用长长的篙竿，点破碧绿的府南河水面，口里悠悠哼出"哩啰啰嗬……"嘹亮的号子，小船便滑进了水流之中。这一幅场景，想想也是一种美景。

　　再后来，锦江之上，就难以望见帆影点点的景象。2007 年 1 月，有条新闻名为《成都又现"门泊东吴万里船"》，其中说，在随后 5 年多时间里，成都新津、青白江、金堂、邛崃、崇州、龙泉驿等地的 53 个小码头全体接受"整容手术"。在锦江之上，就有 12 座码头，但因城市建设问题，锦江上的行船已成绝响；即便是恢复，也难以呈现昔日的风光。从这个角度上看，锦江上的船只消失，不仅仅是交通改变的生活，在某种程度上使成都人远离了"水上生活"。

自由地在街巷行走

空间的漫游

本雅明所说的都市漫游者，喜欢用自己的双脚丈量城市，他们对城市有天生的敏感，总是能很快把握它的脉搏。这样的人在都市里游荡，总能够发现城市与众不同的地方。像成都这样以休闲的城市著称，但在漫游这一块，似还没有称得上是漫游族的群体。

漫游固然是闲逛，但其本质上是在探求人与城市的关系。成都城区这几年发展迅猛，街道比一二十年前都变宽变阔了，不仅如此，建筑物也在野蛮生长，天际线不断拉高。但人与人之间的关系，却缺乏更多的灵动，因此，在街巷里漫游，就成为打望城市的风向。

有一千多条街巷的城市，实在是够庞大，街巷所构成的网络，不再是平面化、社区化，而是立体的。当在街巷里行走，你无法看见更多的风景，仅仅是这样那样的店铺、行人、车辆，以及偶尔出现的街心花园（广场）；在繁华街区如春熙路、宽窄巷子等地方行走，同样会看见形形色色，但大多数是步履匆匆，奔向不同的地方，极少有闲情逸致者打望、停留。这似乎暗含了人际关系的变迁。与以往街坊邻居之间的见面相比，今天的街头更多的是陌生的面孔，彼此之间唯一的联系却是短暂的，甚至于不会产生交集。

确切的说，适宜于打望的城市在于有慢的节奏与氛围。那天我在同仁路附近走走，街边上亦有喝茶者、闲聊者，可从他们的神情当中，你可能发现不了更多耐人寻味的东西在。也许是市侩，也许是充满了世俗的表情。谈论的话题，自然与赚钱、汽车、房子相关，仅仅是这样，也还罢了。偶尔路过这样的街区，会让人生出些许疑问：这里是成都吗？

这里确实是成都。走在玉林小区、肖家河，或者是莲花小区、九里堤，它们相似的地方极多，而加以区分的细节就在于它所提供人们的是生活区域的不同。以此来看待成都的演变，或许会有点失望。

名人旧居的漫游

在成都古往今来，亦居住着这样那样的文化名人，可惜的是我们今天只能记住他们曾生活的街巷，至于故居，早已不见踪影了。

已故成都研究专家冯水木先生曾考证出在成都居住过的文化名人旧居多达 100 多处。如吴玉章曾住在娘娘庙街（现商业后街），杨闇公也曾居住于此街。巴金则住在正通顺街，李劼人居于桂花巷（还有东胜街 29 号），沙汀在祠堂街，周太玄在西大街，杨佑之在吉祥街，四川大学、华西大学中文系教授庞石帚在斌升

街，赵少咸在将军街40号，张怡荪住在焦家巷36号，而李培甫也住在这条巷里。

此外，还有一些文化名人居住在各街巷里，如吴君毅、魏时珍在奎星楼街，主持合并师大、成大、公立四川大学三者为四川大学的张铮在栅子街，吴虞则居于栅子街50号。陶亮生在实业街，李宗吾住东胜街37号，周岸登也住在这条街上。向宗鲁住在槐树街32号。谢无量在成都居住多年，长期住在祠堂街、东胜街，李璜则是住在支矶石街55号，李炳英住在槐树街32号。

冉云飞曾考证，成都师大校长、川大中文系教授龚道耕在小福建营巷内建有龚家花园即他的私宅。小福建营的文气好像挺重的，国立四川大学首任校长王宏实的住宅在此，而且史学家李思纯、后来成为四川文史馆馆员的彭芸生，他们都曾住此，彭氏还在这里创办了敬业学院。

这当然是名人居住于成都的一部分。如李劼人还曾经在指挥街开小雅餐馆，在磨子街居住过。还珠楼主曾居于盐道街，那时他的祖母去世，他专程来奔丧的。如水井街住着蒙文通，陈子庄居于康庄街，藏书家、贲园主人严谷声住在和平街，著名画家江梵众也曾居住于此街上……倘若梳理这些故事，真是许多条街上都有自己的传奇。

如果追寻历史的足迹，踏寻这些街巷的故事，也就更耐人寻味一些。不过，这些人事与今天的街巷又有多大的关系呢？即便是居住在这些街巷的人，是否就能对此说出一二？都是难以回答的问题。

漫游指南

在成都适宜于漫游的街区颇多，比如沿着锦江、沙河漫步，能领略河流之形态；而沿着小巧的街区行走，则更容易收获到惊喜。这当然是成都漫游的通行法则，至于漫游的过程中会相遇怎样的故事，那就随机了吧。

以我的漫游经验来看，相对于热闹的街巷，不如选择老旧的街巷，几经拆迁，这样的街巷是越来越少了。如倒桑树街、北书院街等等，也都在逐渐消失的过程当中，这真是无奈的事。所谓新的街景，也是十几二十年前就形成的街区氛围也还好，如小天竺、瑞升北街。原来以为在九里堤行走，应该是蛮有意思的事，但去过之后才发现并非如自己想象的那般美好。光荣、抚琴、青羊、石人几个老旧的街区也可行走。

在行走的过程中，总可相遇到些许茶铺、饭馆，它们不事张扬。偶尔路过，喝一杯茶，吃一份小吃，都是美好的事。这样漫无目的地走下去，不必有计划，也可得成都真味。

我曾经列出过成都适宜漫游的线路图。不过，这种漫游未必需要什么指南，只需迈出脚步就可，随意地驻足、打量，就成了。如果再精致一点，就像本雅明所说的晃荡者那般，也更得佳味。

但漫游不适宜多人进行，一两个人就好，偶尔交流，或者随意各自寻找关注点，再汇总在一起，就能构成漫游的全貌了。

说来，漫游所形成的可能是小情绪，倘若不及时记录下来，或许就有被遗忘的可能。在某一天的漫游手记里，我如此写道：

在锦江边行走，当然不是为了猎奇，发现不一样的趣闻。

某一天，我在河边行走，倒真看见几位发呆的人，他（她）背着一个包，神情严肃，若有所思状，或发呆，或思考人生。也许是在进行禅修亦未可知。

我停止行走，悄悄站在远处观察，却看不出其中的玄机——要懂一个人的故事也颇不容易。

有时，我也会停下来，坐在河边，东想西想，却想不出一个所以然来。真惭愧，连偶尔发呆的逸趣都没有了——"啊，怎么变成了这样。我……"

人生活在现实当中，连透口气的机会也减少了许多，哪里还剩下小品之类的感受呢。

"倒真是无趣的生活。"

在都市里生活，大概都会有如许的感慨。说漫游族，似乎也很少见。连偶尔发呆，也似乎不能够做到。

闲情逸致，原本应该是生活的一部分，可惜已寻不到了。

锦江，给成都人的灵感，似乎也比以往少了许多。也许这是久未曾善待它的缘故吧。

这样的漫游，在我看来就是完成对成都的解读。它未必从宏观上去阐释城市的幸福感，唯有从这些细部出发，才能观察到它的美与丑。

跑步时间

　　在成都适宜跑步吗？这个问题似乎不是问题，因在公园、河边时常可以望见跑步者的身影。不过，这并不能表明成都的跑步环境的好坏。更确切一点说，在成都跑步也还是需要更多的准备。时常是每天清晨看见雾霾的天气情况，就没有跑步的欲望了。

　　每年的元旦这一天，成都就组织一场全民跑，从天府广场出发，沿着人民南路奔跑，至南一环路。我曾贴身观察过一次，虽没有参加其中，但给人的感觉是这只是一种健康娱乐的方式之一，更多的是一种象征意义。说起来，跑步是简单的事，但细究起来，却包含了跑步哲学。

　　村上春树的《当我谈跑步时，我谈些什么》，至少让我们见识了跑步者的风景。但那是不同于成都的跑步方式，因此虽可借鉴，但践行者并不太多。或者说，在成都的大多数人并非需要通过跑步来思索问题，因之跑步也是少数派。

　　不过，跑步成为一种运动时尚的话，加入跑步者行列的人也会增加。

朋友朱小黑跟几位朋友组织了一个"微马"运动。所谓"微马"运动，即五公里慢跑，微型马拉松。有很长一段时间，我热衷于行走，但空气实在糟糕，也就不敢那么任性。跑步也曾尝试过，坚持了没多久，舍弃，主要是周边缺乏跑步的环境。

朱小黑建了个微信群，参加微马的有不少熟人，好几位还是跑步高手。这一下很热闹，每周约跑一回，大家跑跑步、吃吃饭，又形成了一个社交圈。平时就在住家附近跑跑，也很舒服。可惜他们每次跑步的地方离住家太过遥远（早上七点集合），尚未参加一回。这跑步也就变得奢侈。不过，这也有变通的方式，就在小区里跑微马就好。

有多次参加马拉松的朋友给跑步以建议，注意跑步姿势和环境之类的话题，应该是经常跑步者的常识。可有时一不小心还是容易把肌肉拉伤。跑步也可能有意外嘛。但最大的困难是跑步的自觉性。有时天冷，就懒得出门跑一下——贪恋慵懒的生活，总是会产生惰性，可偶尔一次又有什么不可？原来，跑不跑步都需理由支持。

听说微马运动在好些个城市开展活动。想必那又是一个很大的圈子，因为是微马队员，也许到一个陌生的城市，可以约人一起跑步，交流交流经验，也是快乐的事。社会形态越来越多元，不同的圈子聚集着形形色色的人，这也好玩。只要敞开怀抱，就能找到属于自己的组织。

平时以行走方式生活，跑步算是剧烈运动。加之天气缘故，跑步是需要适宜的环境的。有跑步爱好者列出了成都跑步指南。譬如公园，成都市区如百花潭、浣花溪等处树木众多，遮天蔽日，是跑步者的理想佳所。凤凰山、白鹭湾等公园，因地势有坡度，空旷，也适宜跑步。此外，沿着锦江边跑步也是一种方式，只是在我看来，这河边更适宜漫步一些。

曾去凤凰山公园试跑过一次，一个人随意地选段路径跑来跑去，在山道上、林园里……尽管跑步只是自己的生活方式之一，但缺少了诸如关注者的目光，也会感觉几分冷清吧。因天气不是很好，因此来此活动的人并不是太多。倘若是团体跑步，也许会是另一种景象，可又略显热闹了些。我家离凤凰山公园不过五六公里的样子，但沿着三环路跑过去总担心身体无法吃得消（雾霾、灰尘和汽车尾气总是不可忽略的），因此就需先坐车至公园，再全副武装奔跑，这煞有其事的做法实在是有点夸张。

随意、自在的跑步，在我看来是与茶馆精神相一致的地方；一旦变成正式或夸张的做法，恐怕有违跑步精神。

但不管怎样，跑步不仅仅是健身，也还是一种思维方式。

在这一点上，似乎思考的人并不太多，更多的人只是满足跑步这种方式吧。这就犹如行山，哪怕是一样的道路，每个人看到的风景却不尽相同。

前两三年，三环路边上的绿道刚修建好。时为树木遮蔽，连续跑下去有几公里之远，都是如此的路径。偶尔也去跑了几回，感觉很爽。时常也会遭遇种种人群，骑车者亦有，偶有车辆穿行其间，犹如马路一般，也就少了兴趣。天不亮就跑步，实在不是妙事儿。后来，因城市建设的需要，绿道常常是半路斩断，路是断断续续，有时又需跑到三环路边上的辅道，后来只好放弃。

　　据说成都人喜欢的是夜跑、约跑，这大概是跟工作环境相关吧。像我这样的懒散的人跑步只要随机选择就行，未必非得跟着一大圈人跑步不可。

　　有段时间，一个人在小区里跑步，带着儿子一起跑，可总觉得不够畅快，以至于后来连跑的心情都少了。小区里也时常有跑步者，却是各人跑各人的，绝少有交流。话说跑步，又不是去拿马拉松奖牌，自然不必给自己规定一个任务，每次非跑成怎样才算完成任务。所谓任务，不过是跑得舒畅一点而已。村上春树有"独处"的跑步观：

　　希望一人独处的念头，始终不变地存于心中。所以一天跑一个小时，来确保只属于自己的沉默的时间，对我的精神健康来说，成了具有重要意义的功课。

　　至少在跑步时不需要和任何人交谈，不必听任何人说话，只需眺望周围的风光，凝视自己便可。这是任何东西都无法替代的宝贵时刻。

　　隔三岔五地跑步，以行走为主的生活方式，看上去也没多少塑身的效果。这也是无所谓的吧。至于把跑步称为修行，实在是夸张的说法。要说修行，在哪个领域不能进行呢，未必只有跑步才能够完成修行。由此不免发现，不少跑步者更多的是在乎外在的东西，忘记了初心。但如此一来，很热闹的跑步行为，是不是就真的有价值存在，也还是一个疑问。

总之，跑步时间是属于一个人私有的。固然可以拿出来分享，却必得有其个性的地方。如果不能理解跑步，即便是每天都在进行跑步，似也无法跑出更多的趣味。

卷三　旧味

我们沉浸在旧味里，是念想一个繁华的时代。

成都掌故

最近几年，我对各地的风物、掌故格外有兴趣，遇到这样的书，大致都会买回来。而与成都相关的，就更是不可忽略的。早在1981年3月，成都市群众艺术馆就开始编辑《成都风物》杂志。刊物除了正常出版之外，还时不时推出增刊。

《成都风物》第一辑有谢添在1980年10月的题字：山河秀丽。封面题字者为书法家余中英先生。余先生曾担任成都第九任市长，原名余烈，号兴公，四川郫县人。早年在民国时期曾任军政职务，上世纪50年代始任四川省文史研究馆研究馆员，中国书法家协会会员，书协四川分会副主席。工书法，善丹青。早年书法曾受教于赵熙，绘画及篆刻曾得齐白石亲授。

第一辑没有卷首语，而是段可情的诗代序《蓉城风物赞》。段曾担任四川省文联副主席、省文史研究馆副馆长。想必就是这段时间才题写的诗吧。这一辑的杂志内容并没有按照栏目编排，既有五老七贤的介绍，又有华华茶厅的介绍。古文学家、诗词楹联家陶亮生（《成都街名趣谈》）和车辐（杨槐《"不准演出"的演出》）

均有文章发表。

在末页还附有《编者的话》。其中说，《成都风物》以介绍成都的历史文化知识为主，内容包括成都风云、蓉城史话、锦里漫游、文苑轶事、艺坛春秋、艺栏画廊、能工巧匠、医林佳话、川味名吃、风土人情，以及民间故事、民歌民谣、妙联绝对，等等。有意思的是，《龙门阵》杂志创刊时在 1980 年 11 月，风格与《成都风物》相近，或者是《成都风物》是受《龙门阵》启发而创办的。且看《龙门阵》的栏目划分：稗官野史、人物志、旧制琐谈、谈古论今、农民起义英雄谱、历史小品、对联丛话、鸿爪留痕、探艺录、梨园拾零、巧夺天工、山歌闻竹枝、风土志、新聊斋等，只是《龙门阵》的故事性更强一些。

值得一说的是，都江堰市还曾推出过《灌县风物》。此册是罗树凡、杨瑞文、刘昌云和罗君述编著，在 1988 年 4 月由四川人民出版社出版的。除了介绍都江堰的种种风物之外，还在书后附有《灌县旅游线路图》，图很简略，对照今天的都江堰地图，大致能看出都江堰这些年的变化。

到了 1996 年 4 月，成都市群众艺术馆《成都掌故》编委会选了《成都风物》上刊发的文章，结集为《成都掌故》由成都出版社推出。王少雄撰写了前言，陈之光作序。此书以 800 页的篇幅来谈成都风物，栏目分为：成都史话、名人轶事、艺坛春秋、民间传说、川味名食、名联掌故、天府风情等，内容丰富多彩，但也似乎没超出《成都风物》的范围。

　　这个《成都掌故》系列前后共推出三集。2007年5月由四川大学出版社推出了《成都掌故》（典藏版），此书由作家林文询撰写序言。这个版本虽是典藏版，却是把《成都掌故》的顺序打乱、重新编辑而成的。

　　也许是这段时间流行"掌故风"，金牛区编了《金牛掌故》、成都市地方志办编了《成都地名掌故》（2006年）和龙泉驿区编了《桃花故里掌故》（2007年），从不同的侧面反映了成都社会、人文、生活的种种。

　　2012年4月，作家白郎主编了《成都掌故》，此册掌故属于中国名城掌故丛书之一，由成都时代出版社出版。在内容上，此书共分为记忆罐头、品沉香、蜀都市井、洋人镜像、人物志和生活史等部分。书有前言，只交代了这套书的来龙去脉，对此书的内容没有做更多的交代。

　　不到一年的时间，白郎主编的《锦官城掌故》由成都时代出版社和四川文艺出版社联合出版，但这本书与《成都掌故》有部分重复选入。在书的序言里，白郎如是说：从一个角度来说，作为一个地域之核的传统成都现已消逝，今天的生活"与渗透着我们先辈的希望和沉思的房子、果实和葡萄毫无共同之处"（里尔克语），故国的重重叠影，亦仅能回首一二于星辰下。将来如何修复根脉，这是一个问题。他又说："《锦官城掌故》中绝大多数篇目，系我长期从事纸媒文化专题采编工作中所编辑的选题。"

　　读过这几种掌故，给我的一个感觉是，这里的掌故并不是精短的故事，长的文章竟然达数千言。不过，掌故与掌篇极为相似。所谓掌篇，作家蒋蓝说，"掌篇"并非新词，舶来于东瀛，专指微型小说。1930年代，著名作家施蛰存就在文章里介绍了日本的"掌篇"，且"此命名具有汉语的隐喻之美。有手掌之幅度，有手与写作的关系，更暗含手的创造、万有之能"。再来看掌故的原意，即关于历史人物、典章制度等的遗闻轶事。我曾跟出版人吴鸿先生交流对掌故的意见，大致而言，还是要精练一些、短小一些才要好。最好是千字文，这样的掌故读来轻松，又有味道。他举出的例子是傅崇矩的《成都通览》，至今依然风靡。

蜀笺的风流

一

　　著名花间派词人、前蜀宰相韦庄写过一首《乞彩笺歌》其中有句：人间无处买烟霞，须知得自神仙手。也知价重连城璧，一纸万金犹不惜。

　　这里的彩笺即蜀笺，也被称为"浣花笺"（李商隐诗"西来万里浣花笺，舒卷云霞照首鲜"）、"谢公笺"和"薛涛笺"。《四川风物志》记载，唐代成都，已拥有居民十万户，富庶繁华，百伎千工。在浣花溪畔的居民以造纸为业，直至北宋仍然如此。"纸硙暮春临江岸，楮商兼制砑蜀笺"。北宋苏轼说："成都浣花溪水深滑胜常，以沤麻楮作笺纸，洁白可爱，数十里外，便不堪造，信水之力也。"蜀笺的制作据说与诗人薛涛相关。

　　明清记载薛涛笺最详。何宇度《益部谈资》："蜀笺古已有名，至唐而后盛，至薛涛而后精。"又，"薛涛井旧名玉女津，在锦江南岸，水极清冽，久属蜀藩，为制笺处，有堂室数楹，令卒守之。每年定期命匠制纸，用以为入贡表疏，市无贸者。"曹学佺《蜀中方物记》："予庚戌秋过此，询诸纸房吏云：每岁以三月三日汲此井水，造笺二十四幅，入贡十六幅，余者存留。"包汝楫《南中纪闻》载："每年三月三日，井水浮溢，郡人携佳纸向水面拂过，辄做娇红，鲜灼可爱。但止得十二纸，过岁闰则十三纸，此后逐绝无颜色矣。"

蜀笺的制作工艺，彭芸荪《望江楼志》云："蜀纸之特色为重厚，上品选料必用纯麻。"费著《蜀笺谱》："以木肤、麻头、散布、鱼网为纸，自东汉蔡伦始；今天下皆以木肤为纸，而树种乃尽用蔡伦法。笺纸有玉版，有贡余，有经屑，有表光。玉版、贡余杂以旧布、破履、乱麻为之，唯经屑、表光非乱麻不用。"又，"吾蜀西南，重厚不浮。故物生于蜀者，视他方为重厚；凡纸亦然，此地之宜也。"重厚则坚实细密，唐人贵用麻纸，正属此类。

蜀笺有十色之名，薛涛笺更是其中的佼佼者。李石《续博物志》："元和中，薛涛造十色笺，以寄元稹，积于松花纸上寄诗赠涛。"彭芸荪则认为谢公笺与薛涛笺混为一谈，是对薛涛笺的误读。

诗人对蜀笺多有赞美，如中唐著名诗人鲍溶在《寄王播侍御求蜀笺》中说："蜀川笺纸彩云初，闻说王家最有馀。野客思将池上学，石楠红叶不堪书。"韦庄后来还有一首诗写道："浣花溪上如花客，绿暗红藏人不识。留得溪头瑟瑟波，泼成纸上猩猩色。手把金刀擘彩云，有时剪破秋天碧。不使红霓段段飞，一时驱上丹霞壁。"

蜀笺生产的概况，南宋诗人陆游在《谒汉昭烈惠陵及诸葛公

祠宇》中说："陵边四五家，茆竹居接栋。手鞣纸上箔，醅熟酒鸣瓮。"他还亲自标注"居民皆以造纸为业"。

《成都通览》亦提到蜀笺："现考之成都各笺，并不佳妙。自劝工局沈总办改良笺样后，民间相继起者，在在皆有，小酉山房、图书局、云霞纸社、进化纸店均争新竞异，而成都人偏好尚一种之洋纸印成者，蜀纸所造之价反日趋日下。"可见此时的蜀笺大不如从前。

<h2 style="text-align:center">二</h2>

前不久，嘉兴范笑我在博客上记了这样一件事：韩建伟在听讼楼说："网上购得成都诗婢家印制的《郑笺诗谱》一函两本，木盒装。用纸和印刷都不到位，折后一千二百八。"顾炎文说："不值这个价。"这里说的《郑笺诗谱》也是蜀笺的一种。

在民国时期，"四川只手打到孔家店的老英雄"吴虞曾与朋友游望江楼，并写诗两首：其一是问柳寻花事久疏，幽栖拟钓锦江鱼。杜陵老作诸侯容，愁对枇杷忆校书；其二为桐叶萧萧古井秋，名笺犹自见风流。陆沉多少神州感，莫认兰亭是盛游。可见时人对薛涛笺是颇为忆念的。

诗婢家第二代传人郑伯英曾回忆："1940年前后，我先后设法征集于时贤书画一百幅，经过自己设计、描绘、装版、制图，印制成了'成都诗婢家诗笺'，木刻套色，线条清晰，称得上是精工缕刻，的确花费了很大精力。出版以后，受到当时文艺爱好者的使用和收藏。诗笺每部上下两册，各一百页，都是当时名书画家的作品。如张大千、徐悲鸿、黄君璧、马万里、董寿平、关山月、郑曼陀、张聿光、丰子恺、伍瘦梅、芮敬予、江梵众、施孝长、万从木、袁樵云、姚石倩、赵完璧、张采芹等，都有作品刻出。"

《四川风物志》载，"郑诗笺谱"编选当时名家作品制作的木刻水印彩笺，精雅质朴，深得古意。并有文学家、书法家赵熙、沈尹默、谢无量等题字、题记和撰写序言。笺谱于1943年初版，所制为五百部，后于民国三十四年（1945年）再版五百部。诗婢家在1949年后结束，所有工具及这些木刻版本，全部移交给水印社（又被称为木刻水印厂）。

在古正平先生的博客上，我曾见到两位成都市市长请教授吃饭的诗笺。李铁夫是民国成都市第十二任市长，余兴公是民国成都市第九任市长，邀请之人为徐仁甫、李国瑜、郑异材三位教授。破立斋是李铁夫的斋号，所以地点应该是他家里。用的是蜀笺社的木板水印诗画笺，极雅。

应该说，蜀笺在这一时期为文人雅士所喜爱，在日常生活中也经常使用，只是留存至今的少之又少。我曾在水印社担任厂长时的邱崇光老师看到过早期的诗笺，不仅有图也还有作者的题名，保持原样印出来，很美观。等到1949年之后，再根据这笺谱制作的诗笺，只保留了图案，余者都给取消了。

三

最近，我看车辐先生的《车辐叙旧》。他做记者，也画漫画，在上世纪三四十年代跟成都文化界、艺术圈都有往来，想来也肯定是留下了不少记录。在《天才木刻工人胥叔平》里，对成都的艺术也多有记录。

胥叔平，盐亭人，家在县城内经营普通商业。1913年来到成都，做刻字学徒。他先是在其幺叔在线香街开的一家"德一社"刻字社做事，一做就是三年。后进入聚昌印刷公司，做三年工人，此时的胥叔平在木钉子上不先写字，底子刻老五号、新五号字。随后，他在成都各报馆刻字课，常常是以第一流熟练工人姿态出现。抗战初期，他与"四川漫画社"有了来往。

车辐说："他是成都报纸上刻木刻漫画的开山祖师。那时候成都的制版条件不够，画家们作的面积较小的漫画请他刻，他运作铁笔就成了烂锌铜版的代替品，并且可以在木板上面加刻锌铜版的网模，与烂锌铜版上的网模无异。"

抗战后，胥叔平在布后街1号开了个白鸥室刻字铺。他刻过张漾兮、谢趣生、高龙生、汪子美等人的作品。他自己又造了套色版云笺60多种，三色版以上的套色，不亚于鲁迅先生编的"北平笺谱"，以及成都名裱褙铺诗婢家主人郑伯英制的版谱二集。

值得一说的是，1945年2月群益出版社出版了《阿Q正传插画》连环画，印数2000册，32开，60面，扉页上以红字申明"群艺社印行，新艺社藏版"，装帧为黄苗子。正文（插画）前有茅盾、吴祖光作的序，书末有黄苗子的跋，可谓群贤毕至。为丁聪插画执刀的就是胥叔平。

书话家高信先生在《丁聪漫画鲁迅〈阿Q正传〉》里说，《阿Q正传》插图采用了左图右文的版式，颇有古人"左图右史"的余绪。文字节自鲁迅原著，比重新编写更能体现鲁迅的文字风格。图呢？由于当时大后方物质条件的限制，不能制锌版，只好由木刻名匠胥叔平先生用最原始的直线刻刀按图样刻制。这也真难为了胥叔平先生，在他的直线刻刀下，竟然那样不差毫厘地再现了丁聪流利的笔触，全然找不到鲁迅批评过的中国古代木刻绣像中的"甚至几乎全用直线凑合，连动物的眼睛也都是长方形的"的弊病。

篆刻名家向黄先生曾说："民国成都的许多笺谱的木版多与胥叔平有关。"此言不虚，胥叔平虽"收了七八位弟子"，但能够传承他的技艺的几无。这不免让人感叹，作为蜀笺的重地，如今连制作蜀笺的技艺传承也成绝响。

商务印书馆在成都

2010年4月24日，商务印书馆（成都）有限责任公司揭牌，标志着商务印书馆在时隔103年以后重返成都。新闻报道说，当天揭牌的商务印书馆（成都）有限责任公司由商务印书馆与四川新华文轩连锁股份有限公司共同投资组成，将以图书选题策划、版权贸易和图书发行为主营业务，兼及举办各类教育培训业务。

商务印书馆早年在成都的开办经历，诗人、书法家刘东父在《清代成都木刻书业和外省书商的发展》里有详尽的介绍：

上海铅、石印等新本书籍在四川大规模地流通，大概在光绪廿六年（1900年）开始，对于四川文化事业的发展，起了一定的促进作用。"上海商务印书馆"为了开辟西南市场，这时派朱锦章来成都就青石桥北街开办了"成都商务印书馆"，锦章即担任了首任经理。朱为人颇豁达，为了联络书帮，他便代表该馆加入了木书业的"文昌会"的组织，并入底金银五十两，同时还对同业往来以优惠条件一律八折收次，因而木刻书业纷纷联系代销该馆图书,该馆的业务也因此繁荣起来。朱死后由陈维新继任经理,直到1927年青石桥馆址被焚,复由范济臣继任经理,并将馆址迁移春熙北路;不久又由史久芸接替范职,后史病失血,上海总馆又调穆伯勤来川继任,穆接任后改建门面增内部设备,渐次又恢复繁荣。到1934年上海总馆又另派张屏翰来川接任,张树森又继任该馆经理,不久张又文与重庆业务科长黄秉垣接任,后黄调广州,又由张毓黎接任。直到1949年解放,该馆便与"中华书局""开明书店"两家合并,改名"中国图书发行公司",至1953年归并"新华书店"。

商务印书馆成都分馆于1907年创办,其招牌"商务印书馆"由剑阁何寅生书写。另外,商务印书馆销售的书,不管是邛崃、大邑还是郫县的书店销售,基本上都是现款交货。在布衣论坛上,胡同先生曾张贴过一份1935年商务印书馆成都分馆给总馆的公函(246页·完整卷宗),从这里可看出其经营规模和范围。公函的内容包括日常事务,如"汇款接洽""转账咨单""添单定单""划款""掉换股票""问价""补配书籍"等等。贺宏亮先生亦从此资料中考证出:

开设支店,代印书籍。民23年12月26日,成都分馆向总馆请示,报告西康省文化情况。"西康地方民族复杂,文化低落。现所通行之文字,有汉藏两种。廿四军部对于该地各校教材,拟

依据该地环境编制，并将汉藏文字对照排印，俾收实效。前拟商请本馆编印，嗣鉴于本馆现尚缺乏此项人才，故决由该军教育处自编，委托本馆印行。至详细办法，俟得尊处酌定后再为商拟。总之，西康开设支店，在本馆将来营业发展上，及贯彻本馆文化主旨计，敝处熟思审虑，均有设置之必要。"总馆的答复为："承示西康省设置支店之必要，为边省文化着想，固应进行，唯路途过远，运输不便，且民族与文字均甚复杂，备货方面极感困难。支店暂时只可不办。至廿四军自编书籍委托本馆印行，如系代印性质，尚可估价。否则也不便代办。请为婉达。"

商务印书馆还在成都发现过侵犯版权的事。尹靖安《回忆二酉山房之兴衰》叙述了这个故事：

郫县的二酉山房经理郭继元不懂法律，曾镌刻木版，翻印成都商务印书馆出版的各种教科书。如当时少数官办学校的高、初小学生所读的国文、修身，算术及其他书籍等。它用土纸印刷，成本较低，书价便宜，颇为畅销，业务更加发达。翻印之各种教科书，其中花草鸟虫，人物图像，形态逼真，栩栩如生。犹如原书，一点亦不走样。真是图文并茂，镌艺精湛。如是数年时间，（约在民国十二、三年），经人告发，成都商务印书馆派人来县，向二酉山房提出，追究版权责任。当时，据闻被罚款后，并将翻刻该馆出版的各种教科书木版，全部销毁，了结此案。但对二酉山房的业务经营，未受多大影响。

见此情景，有一位名为刘泽周的商人经人介绍，与成都商务印书馆签订协约，采取代销形式在郫县东街（今人民武装部侧近）新开郫县商务印书馆（只供营业店铺）。按营业百分之几抽算，作为报酬。成都商务印书馆为了扩大营业销售，大量供给有关官学学生所需之各种教科书及一切文具用品。一时书籍之齐，文具之多，而二酉山房则运筹莫及，大多学生纷纷到郫县商务印书馆购书或文具。使二酉山房的业务，大受冲击。仅数年，郫县商务印书馆因故停业。学生遂直去成都商务印书馆或中华书局以及其他书局（店）购买。

抗战时，商务印书馆也参与了爱国服务活动，如经理张屏翰以《万有文库》一部义卖500元，被光华大学谢霖校长义买。但其主要活动是印刷出版各类读物，在为四川的文化建设方面发挥的作用，是不可替代的。

商务印书馆在成都的经营活动，在今天虽有延续，却似乎再难以回到了昔日：毕竟在一个资讯传递迅速的时代，商务印书馆的优势早已不在。那么，当我们回眸百年来的商务印书馆在成都的历史，或许只能用唏嘘来感叹吧。

开明书店与成都

　　民国时期，成都书店林立，商务印书馆、中华书局少不得在成都设点开店。这其中也少不了开明书店。查叶圣陶先生的履历，不难发现，他跟开明书店的关系十分紧密：1930年转到开明书店当编辑。抗日战争期间举家内迁，曾在乐山任武汉大学中文系教授。1940年初夏，叶圣陶来到成都，在四川省教育厅教育科学馆工作。他白天去办公，晚上教儿女们写写文章。常常在晚饭之后，把油灯移到桌子中央，至善、至美、至诚就凑着光亮，认真地听父亲讲解。有时候，儿女们也和父亲热烈讨论。他们每人每星期交一篇文章。后来，叶先生应邀担任四川省教育科学馆专门委员，并在光华大学、齐鲁大学和华西大学等校兼课。1942年8月，叶圣陶辞教育科学馆之职，主持开明书店编译所办事处编辑事务，叶圣陶为主任，丰子恺、金仲华、傅彬然、宋云彬、贾祖璋被聘为编译委员。在这段时间，编译所编写了一系列中小学教材和学生课外读物及语文教学论著，创办并主编《国文杂志》，直到抗战胜利。1945年9月，叶先生离开成都到重庆。

要说开明书店在成都开办的情况，不能不说起冯月樵。冯月樵（1900—1971年），原籍南充，幼随其父在外游幕，年十三，父卒，家贫无所依，依其父执黄树滋为生者六年。黄亦幕僚，家中藏书甚富，冯朝夕阅览，手不释卷，养成读书爱书习惯。稍长，考入聚兴诚银行为见习生，遂在汉口、上海聚兴诚银行工作。又在上海隆泰钱庄及北碚三峡布厂工作。1935年，回到成都，集中精力办他的书店。

黄稚荃《抗战期中冯月樵对成都文化事业的贡献》里记载，早在上世纪20年代中，他即同好友甘焕明、伍玉章等集资，在祠堂街人民公园对面的牌坊巷口，办了一个阅报室，订有省内外十几种报纸，设了几把长椅，供读者坐下从容浏览，定名为"普益阅报室"。来看报者，并不收阅览费。每天看报的人，座为之满，大家都感到方便。1926年，冯月樵同伍、甘等商量，将普益阅报室改名为普益协社，由阅报室发展为书店，出售上海左翼作家作品（时人谓之毛边书）。

这时的普益协社仍保持普益阅报室的作风，新到的书籍都摆在摊上，让买者任意选择，不买的人，也可以坐下来阅读。因此不管是买书的人，或者看书的人，都感到方便。有的还赞叹说：真是普益文化。普益协社招收女店员，为女青年开阔出路，为成都各书店的创举。

冯经销开明书店的书是有着历史背景的：1928至1929年间，白色恐怖严重，祠堂街书店有几家被查封。冯月樵为了保全他的书店，于是与上海开明书店洽商，订立条约，由普益协社经销开明书店出版的开明教本及其他书籍，普益协社改名为成都开明书店。1935年，冯月樵摆脱他金融界的工作，回到成都，专办其文化事业——开明书店。他又邀集一些亲友入股，扩大资金，于是书店业务蒸蒸日上。

抗战开始之后，冯月樵同黄启明合作，编印了一种32开刊物，刊名为《救亡文选》。黄启明经常到书店组织店员开会，如读书会、生活会、晨呼队等。冯月樵热衷于各种文化活动，在上海时与朱自清就熟悉了，抗战中在成都重逢，此时冯还办有一个图书馆。在民国二十九年12月，朱自清就写了一篇《普益图书馆记》送给冯月樵：

古今藏书者众矣，或集精椠，或收秘籍。大抵有所得则什袭而纳诸箧筒，不轻以示人。间有其雅量者，亦只辑印书目，传刊善本，所以为人者，如是而已。若范氏天一阁之略具图书馆规模者，盖绝无仅有。

图书馆之盛，肇自近代。所以纲罗群籍，供应群览。其启迪民智促进学术之功，远在藏书家上。然必群策群力，始克观成，公家为之，其势顺而易，一二人为之，其势逆而难。其有以一二人之力集事者，则必位尊而多金者也。

而冯君月樵则不然。君，今之有心人也，其办开明书店垂二十年。沪上新书日出，君毕力致之，以晌学子。其经营也，不孳孳为利。而惟启迪民智促进学术是务。故人争趋之。

君有意于图书馆久矣。身本布衣，又非素封之家，虑无以成其志。则就所得书择其尤精者，各储副本，日往月来，所积遂多。此普益图书馆之始基也。设馆之义，甫定于抗战前年。历经世变，花再至今。君念兹在兹，锲而不舍，卒底于成。自经始以迄于乐成，皆君一人力也。其发愿之宏，立意之坚，盖所谓难能而贵者。岂彼沾沾自喜之藏书家所可同日而语哉！

成都固有图书馆而所藏者多旧籍。往求新书者辄入宝山，空手而返，君今设此馆，足以弥此缺憾。所谓独具只眼者非耶？普益之称，诚哉名副其实矣。国中不乏有心之士，有闻冯君之风而兴起者乎？余日望之矣。

尽管普益协社改名为成都开明书店，但在大多数人眼里，这只是开明书店在成都的特约经销处。

潘一心、张毓黎《回忆开明书店在成都的分支机构》说："开明自设分店是1939年上半年开始的。初为开明书店成都办事处，负责人是章锡琛之弟章雪舟。他原任开明汉口分店经理，1938年在日军侵犯武汉之前，按总店的命令撤退到万县建立分店，不久又内迁，存货一分为二，一部分运重庆，一部分运来成都。办事处的会计主任张镜波和职员倪文铨、胡雨岩等基本上都是汉口分店的原班人马。后来张镜波调任开明书店贵阳办事处主任，总店又派来金世泽任会计，并派来金韵锵协助办理就地造货工作。"

开明成都办事处成立时是在陕西街 138 号附 5 号（即蓉城饭店）。后将原地址让给巴金等创办的文化出版社。1942 年在陕西街 131 号建立一个门市部。陕西街 106 号作为开明编译所成都办事处。在这一年的年底，开明书店成都办事处改称成都分店，仍由章雪舟任经理。开明成都分店从 1939 年在成都设立办事处起，到 1952 年与中国图书发行公司成都分公司合并止，前后共13 年。

邓穆卿回忆说，叶圣陶在成都时，也喜欢到少城公园和望江楼与好友朱自清等喝茶闲聊。他的《望江南》词中还留下：

忆成都，常涉少城园。
川路碑怀新史始，海棠花发彩云般，
茶座客声喧。
忆成都，登眺望江楼。
对岸低回怀故友，沧波浩渺记前游，
附舸下嘉州。

在 30 年代的邛崃，初中课本选讲开明书店印行的白话活页文选。而这一时期的开明课本也颇受各种学校欢迎，书店业务可谓发展良好。1938 年 4 月 22 日的《四川日报》报道开明书店同人踊跃捐输，共计大洋十二元二角六仙、铜元一千六百文。可谓是积极地支持抗日运动。此外，如金堂的书店还得到开明书店、生活书店的多方照顾，所有书刊、报纸均从这些书店赊购而来，售后付款，还可退货，因此书店能很快发展。这也说明了开明书店在成都的受欢迎程度。

开明书店如今成了历史名词，真是一件可惜的事。

民国成都书店街

　　自古以来，成都的文化、经济就很繁荣。在民国时期，成都的书店业，也很有市场。张忠《民国时期成都出版业研究》记载："据不完全统计，私营图书发行企业大约有 549 家。"成都市总工会工运史组《解放战争时期成都旧书业传播进步书刊的斗争》："抗日战争时期，成都的旧书店约有一百多家，主要集中在学道街、卧龙桥、青石桥、南门三巷子和东城根街、西玉龙街、玉带桥、白丝街。这些旧书店经营规模较小，一般都是独家经营，店员职工中也有少数知识分子。旧书业在没有受到党的影响和教育时，几乎把'赚钱吃饭'作为唯一的经营目的。他们什么书都卖，除古籍外，剑侠小说、爱情小说、反动理论书、进步书都有出售。抗日民族统一战线形成后，国民党对书刊管制有所放松，这时，在旧书店已能买到《资本论》《政治经济学基础》《反杜林论》之类的革命理论书籍。但就是经销这些书的旧书店，还是以赚钱为目的，不是革命思想指导下的自觉行动。"

　　当然，这是由旧书店的性质所决定的，倘若以"革命"的名义来看，这些旧书店的价值确实不大。不过，这忽略掉了旧书店作为文化传承的价值，以及对文化普及的可能性。

然而，成都不只是有旧书店，也还有新书店。

成都老报人邓穆卿曾回忆说，在春熙路上，大书店就有商务印书馆、中华书局、世界书局等好几家。在邓穆卿的记忆里，"当年其他几家大书店如：开明书店、大东书局、正中书局、青莪书店等均在祠堂街。当年的《新华日报》亦在该街发行。《闻一多全集》首先由大东书局预订。当年祠堂街号称新文化街，草市街、玉带桥的书店即古香古色。"

然而，"当年这些古旧书店，差不多都是开架售书，无论翻阅或抄写，都一视同仁，决不让你可望而不可及，有的好学之士，竟至常常流连其间，乐而忘返。"

祠堂街可以说是成都的书店街。潘清雍、安德才在《抗日战争时期的祠堂街》说："祠堂街有十多家进步书店。特别是在少城公园大门两侧和对面，几乎是店挨店，门对门，当时称为'文化街'或'书店街'。无论平时或星期天，祠堂街总是学生云集，不是买书，就是看书，有的站在书架或书摊前面一看就是一两个小时。有的同志回忆自己走向进步就是从读进步书刊开始的。成都书店多，但出版书少，大量书刊靠外地运来，特别是进步书刊，经过万水千山辗转运来成都，一到书店即抢购一空。"

在祠堂街上，1937年至1949年，就有书店183家（另有文具店34家），经常保持的有40家到60家，其中的成都战时出版社、

生活书店、三联书店、开明书店、北新书店、儿童书店、联营书店等，被进步力量所把持。

康寿《成都联营书店》载，此书店位于祠堂街孝天大楼之下，它的左侧与背后，是警察分局。尽管如此，书店还是从事革命文化宣传。"书店的铺面比较宽深，估计在 80 平方米左右，后半部约占 1/4 的面积之上又搭了一个小楼，用以办理批发邮购业务，兼作经理、会计的办公所。铺面两侧两米多高的书架和中间的书台上，陈列了上万册的书籍。"书籍的种类包括小说、诗歌、散文、戏剧、政治经济、哲学理论著作等。书店在夹缝中生存，似很容易想象当时的经营状况。

除了这些书店，这条街上还有青敉书社、钟山书店、文化书局、人文社、东方书社、大陆书局、龙山书局、二二五、大华书局、提拔书局、更生书店、自立书店、普益协社、百新书局、文通书局等书店。在祠堂街 138 号，巴金的大哥李尧枚创办的"启明书店"还曾出售过上海出版的新小说。尽管这些书店在政治立场上不同，各色人等在此可以买到相应的书，也是难得的事。

祠堂街除了书店林立而名噪一时外，还有四川电影院、四川美术协会、四川美术社、成都美术社、成都图书馆等文化机构杂陈其间，共同营造出浓厚的文化氛围。

20 世纪 30 年代初，祠堂街的街南少城公园内有座放映无声影片的大光明电影院。《吴虞日记》1931 年 2 月 17 日载："十一时同曼君、柚、植过公园大光明影院，包厢每人十五元，五女买票。所演为中国片《黄金之路》，午后四时归。"1938 年 5 月 23 日记："昨午后六时同曼君、十女至大光明电影院看演台儿庄战事，惜予目力太差，看不清晰耳。"

吴虞也时常在祠堂街的书店买书。如"在大东书局买《近世文选》一部四册，特价洋八角四仙，民国十二年八月出版，十四年八月三版，中选予文七篇，香祖夫人《女权平议》一篇，此外，蜀人吴芳吉、李思纯文各一篇。"（1926 年 9 月 1 日）"大东书局所售《国故讨论集》四厚册，有予文数篇，甘蛰仙文一篇。"（1928 年 4 月 27 日）"晚饭后至祠堂街文化书店，见有黄季刚《文心雕龙札记》。价大洋九角九仙。"（1929 年 1 月 12 日）

此外，肃园佛书店，在《吴虞日记》里常称为肃园、佛书店，他时常到此处购买佛书，想来，这也是在祠堂街的书店吧。又有商务印书馆、新民书报社等，也是他喜欢去的书店。其他逛过的书店尚有成都书局、华阳书报处、祥记书庄等，可见成都书店业之繁荣。

《新新新闻》记事

在《新闻传播百科全书》中是这样介绍《新新新闻》的：

四川地方小型报纸。1929 年 9 月 1 日在成都创刊。社址春熙路中段 35 号，初由美利利、球新、福民等印刷公司代印，后自设印刷部印刷。由邓锡侯二十八军将领马毓智等出资创办。社长马秀峰，总经理陈斯孝，总编辑刘启明。主笔杨叔咸、余庚林等，采访、艺术、广告、营业主任等分别为张善、张采芹、罗治卿、杜世泽等，编辑记者裴仲襄、李元均、陈祖武、傅明材、刘厚甫、伍长青、邓穆卿、姚俊闻、胡翰之、蓝子宏、刘素怀、刘嘉会、樊凤林、黄绍颜、蒋子君、谢趣生等多达数十人。每日篇幅开始为 3 中张，后增至 4 中张。销量数初为 500 份，后逐步增加到 5000 份、1 万份、1.5 万份，最多销到 2 万份以上。该报以地方新闻多见长，因此很受省内各县读者欢迎，在省外、国外也有订户。该报辟有《新村》《教育体育》《妇女与家庭》《中学生》《小朋友》《文艺》《学术研究》《林业》《家畜保育》等副刊，办有《新新小报》《新新新闻增刊》《每周漫画》等专刊专版，还有电棒、老实话、小铁锤、七嘴八舌、棉花匠、尖兵等小评论专栏。其言论态度，陈斯孝在《说本报》（1932.9.1）、《本报的理论主张》（1933.9.1）、《本报的继往开来》（1934.1.1）等文中都有所表白。虽标榜"超然"，实则站在国民党立场立言，主要代表四川地方集团的政治利益。后期与国民党中央政府关系密切。1938年7月，曾增发《新新新闻旬刊》达5年。1947年5月1日，又增出《新新新闻晚刊》。1951年1月13日，被成都军管会新闻处接收。

《新新新闻》作为1949年成都报业市场上发行量最大的报纸，可谓是值得浓墨重彩的一笔。它在成都新闻史上也创造了多个第一，但因其长期"站在国民党立场立言，主要代表四川地方集团的政治利益"，因此对这份报纸的关注度并不是特别高。

成都老报人、《新新新闻》记者邓穆卿后来回忆说："在春熙路东段拔地而起，修了一幢五层高的'新闻大厦'。那时春熙路一带差不多都是一楼一底的铺房，市区内也没有什么高楼，这幢大厦还算最高建筑之一哩！特别是这座大楼落成之后，蒋介石还为它亲笔题'日新又新'四个擘窠大字，作成金花縠花黑字大横匾，挂在大厦文化会堂礼台上正中，很扯眼。谢无量手书一副对联：'令闻广播，更起高楼临大道；功在吾党，早腾清誉满西川。'黑漆金字，分挂在文化会堂大门两侧。"

"最兴旺时，全社各部职工多达二百多人。除本部外，还在南门外南虹艺专侧，修了两列职工宿舍，望江楼对岸，买了两座大院落做仓库，还自办印刷厂、收报台等。1949年估计资产为银元100万元。"这样的规模在成都是绝无仅有的。

不过,《新新新闻》刚创办时,也经历过一些波折。邓穆卿先生回忆说:"开办之初,报纸经费来源只有马毓智师政治部作宣传费的每月250元和陈离月补助100元,此外向外募集一些,每月大体能得到500多元左右。"此外,川军旅长刘鼎钧每月赞助其津贴50大洋。关于资金来源,魏道尊说:"最初由28军军长邓锡侯、师长马毓智、陈离、马毓智师所属三个旅旅长及向育仁(24军师长)等每月共同补助850元,作为一切费用开支。"陈祖武曾回忆:"《新新新闻》开办之初,每月的经费只有五百八十元的固定收入。由马毓智担负二百元,陈离、周世英、刘乃铸各担负一百元,曾宪栋担负三十元,黄隐担负五十元。"但尽管如此,报纸一度还遇到难事。

杨叔咸的外孙李斓回忆:"1928年外公创办《新新新闻》,可能是年轻气盛,他居然写文章影射28军军长邓锡侯,说他们几个四川的军阀混战,危害人民生命财产,搞得邓锡侯要办他。而《新新新闻》赞助人是28军第七师师长马毓智,结果他在马家躲了几天,其间不断跟马毓智解释文章不是他写的,是投稿,也不是指邓锡侯,事情才算解决。看来喉舌的角色,什么时代都不是好当的。到了1930年,外公一边继续办报,一边去日本领事馆学日语(当时他的二哥是成都日本领事馆的文案),一边准备去日本留学,还是由马毓智资助。外公幻想着学文学,马毓智说只能学军事。不久,外公启程到日本进入日本士官学校的预备学校——

成城高等学校军政科。之后，因'九一八'事件的爆发，外公愤而回国转在金陵大学读书。"

《〈新新新闻〉报史研究》指出，该报刊出的广告分为工商广告、各种启事、介绍广告、礼仪广告、文化广告和其他广告六大类，这些广告在报纸上所占的比重分别是40%、40%、5%、5%、5% 和5%。1935 年前后，《新新新闻》日报增出了半张两个版面，用来发布广告，其内容基本上是电影广告。智育电影院、新明电影院、大光明电影院等是其主要客户。这一时期所刊广告图文并茂，图像富有视觉冲击力，说明文字具有刺激性、挑逗性。

有意思的是，《新新新闻》还鼓励员工到处兼职，"员工有了兼职，就不会闹工资少了，同时还会增加消息来源、扩大报纸的影响"。

经过 21 年的发展，《新新新闻》除了出版报纸之外，还办有印刷厂、文化服务部并对外经营，也获得了可观的经济收入。在1946 年以后，报馆又从事房屋出租及其他相关的文化产业活动。倘若不是内战爆发，可以想象得到，也许这份报纸有可能是最早的一家传媒集团了。

贾质量在《临解放时川大进步同学的活动片断》中说："我同杨华玖举行了结婚仪式，在 1949 年端午节后不久，离开成都回到峨边县红花乡。结婚仪式是在新新新闻报馆礼堂举行的。总经理陈斯孝是证婚人，他是知道我是什么人的，也清楚国民党政府的末日快要到来，所以他帮了我的忙。"

在这篇文章中，他谈到，"新新新闻报社总经理陈斯孝，和我父亲是同窗好友，要我叫他陈二爷。我读高中时，曾去过他家几次。我结婚前父母来成都，都是住在报馆里。婚后，我们也住了几天，他曾对我说过，他们图书馆里放有不少生活书店、三联书店出版的书，是国民党政府没收来放在他这里的。如果要看可以去拿。"

"后来听说他去乐山自首了。最近才知道，川西行署最初判他为无期徒刑，后改为有期徒刑二十年。由于生病，1956年保外就医，1961年病故。"这是陈斯孝的最后记录。但他的同事也有被打入"另类"的：刘启明1952年判20年徒刑，樊凤林被遣送回老家接受劳动改造，张善1950年在温江被镇压……

前不久，我在送仙桥喝茶，偶然遇到在德国经商的严丁先生。他说，小时候遇到新新新闻报社的蓝子宏，查手边的书，蓝毕业于四川国学专门学校，任新新新闻晚报编辑，兼经理。严先生遇到他时，他在东城区印刷厂守大门，蓝偶然教他如何如何经商。多年以后，严先生走出国门，终为一代儒商。这也是跟《新新新闻》的一段缘分吧。

爱读的报刊不见了

要说成都的报业江湖，那也真是风起云涌。比如 1990 年代，是成都报纸的黄金年代，《华西都市报》《成都商报》相继创刊，引领了成都的报业时代。然而，许多报纸起起落落，终于烟消云散。

在 2000 年前后，也还有更大的风暴来临。此时，《华西都市报》《成都商报》《蜀报》《商务早报》《四川青年报》和《成都晚报》六大报纸统领着成都的报业江湖。但随后，有民营资本欲进入传媒行业，联合几家报纸，打造新传媒，最终是《蜀报》《商务早报》从此消失，《四川青年报》一息尚存。随后，《成都日报》创刊，《天府早报》也应运而生。但报业竞争依然激烈，曾出现晚报早上卖、早报晚上卖的状况，可这终究抵挡不了读者的阅读习惯。

倘若追踪成都报刊的历史，在民国时期，各种报刊都有独特的副刊，不管是《新新新闻》，还是《华西晚报》，以及早期的报刊副刊《娱闲录》或《风土什志》，都有老百姓爱读的内容。

宣统二年（1910年），华阳人樊孔周出资独创四川全省第一家报纸《四川公报》，具有成都总商会机关报性质，后来改名《四川群报》，又变更为民报。樊孔周自任报社社长。这份报纸最终于1918年6月停刊。

且说《四川群报》。此报"为对开版面，形式活泼，内容丰富"。民国三年（1914年），《四川群报》增辟副刊《娱闲录》，以文艺杂志形式单独发行，专门向当时成都文化界颇有影响的知名人士约稿。这些人所发表的小说、诗歌、散文、评论等，题材丰富，思想激进，对社会各界影响很大，刊物销量与日俱增，在成都新闻出版界独树一帜。

孙少荆在1919年回忆道："樊君并于民国三年将公报增刊一种文艺杂志，名《娱闲录》，每月发行两册。当时的小说和游戏文章，果然轰动一时。《四川公报》势力，也受的益处不少。这《娱闲录》发行时代，又算得是文人得志时代。只要知道当时成都事情的人，哪个不晓得吴爱智、方舰斋、刘觉奴（刘长述，刘光第长子）、李老懒（李劼人）、曾安素（名延年，号孝谷，成都人，中国话剧运动创始人之一）、李哲生、胡壁经堂（胡安澜）、何六朝金石造象堪侍者（何振羲，字雨神，号与宸，庆符人）这几位记者先生，因为这《娱闲录》是他们办的俱乐部样。"

学者冉云飞通过《吴虞日记》考证说，从1914年7月1日到1915年4月19日的日记里，关于《娱闲录》的记载达13次之多。

"樊孔周请十八日午饭，皆报社同人，又言报社小像均印入第七期《娱闲录》，请余同香祖相片从速交去。"（1919年10月5日）请报社同人聚会，不知有否李劼人，如有，则吴、李的相识似应该从此开始。惜18日的日记刚好缺失了，无法坐实吴、李是否此时即已相识。

《娱闲录》的受欢迎程度，冉云飞亦有所考证：吴虞订《四川群报》时，竟有报丁单独将副刊《娱闲录》"贪污"的事发生，由此不难见其受欢迎之一斑："饭后《四川群报》报丁仅交报一张，将《娱闲录》一张干没。余作书与孔周言之，并补取《娱闲录》一张及所订稿本。"（1915年11月1日）一张报纸的副刊，民众欢迎到要"干没"而为己有，非同一般。

1943年8月，成都街头出现了一种新面世的土纸印行的杂志，这就是《风土什志》。曾智中先生考证，此杂志终刊于1949年10月，不定期出版，历6年战乱岁月，共出3卷14期；编辑部先后设在成都东门红石柱正街56号、金沙寺街26号；社长为著名作家李劼人，发行人为以犀利文风著称于成都新闻界、有"小铁锤"之号的樊凤林，主编之一的谢扬青是李劼人的秘书，另一位主编为向宇芳。

在创刊号上的《发刊旨趣》中编者说，本志的性质为"研究各地人生社会既往与现实的人文地理及地理知识，收集各方风土人情资料，作详确广泛的调查报告，且客观的描述当时社会环境，阐述其衍变等历史与地理的因果关系，作现实问题之参考"。内容方面，摒除空的理论，力求真实、趣味；行文尽可能地达到

生动化、故事化的原则；即是说我们将以"雅俗共赏"的姿态，贡献于读者之前，从而获得一些宇宙间森罗万象的知识。

曾智中先生说，从创刊号问世后，《风土什志》"获得广泛的爱护和各方的奖饰，不到两月，销路达十四省，以至国外"。以后，这本"收取的范围是世界性的，不过仍以中国的事物为主要研究的对象"的"学术性、研究性，而又一般性的读物"，以深广的内容、趣味的文笔，征服了无数的读者，成为许多文化人至今念念不忘的一件文化盛事。

与此相比，在1990年代至2005年前后，可以说是成都报刊的黄金时代。这一时期，成都各大报刊都有自己的副刊，如《商务早报》的周末副刊，《成都商报》的周末副刊等等，内容贴近读者，且精彩纷呈，不时地举办这样那样的活动，对读者来说，不仅有纸上阅读的快乐，还能在不同的活动中见识文化名人，也是难得的事。

但这样的境况不长，随着市场经济的来临，不少报纸相继取消了副刊，唯有《成都日报》的"天下成都"和《四川日报》的"天府周末"还在出版。这不能不说是一种遗憾。此外，成都杂志在2007年前后，先锋传媒相继推出了八本杂志，以期打造杂志传媒界的"航空母舰"，但一两年之后，杂志风云不再，即便是街头茶馆里充斥着这样那样的DM杂志，常常是以广告为主，缺乏可读性，也就只能是茶馆、咖啡馆里的摆设。

为什么会出现这种状况？这与其说是跟成都的文化氛围有

关，倒不如说是以赢利为导向的办刊方式让副刊失去了存在的可能性，副刊无法完成创收任务，也"就有不存在的价值"。尽管在2015年，《成都晚报》推出了绘成都、诗歌成都、书香成都等板块，《华西都市报》推出了宽窄巷周末副刊和《当代书评》月刊，却也回复不到曾经的荣光时代。

人文本色，应该是报刊副刊的最大价值所在。在报纸上如此，在杂志上更难以寻觅到这种可能性，而一些所谓的城市杂志，成为地方宣传、营销的策略之一，在市场上是难得一见，就更不要说受读者欢迎了。也许正是因为这样，成都的文化才显得有些沉寂（这与宣传无关，只关注于文化本质）。

有时，跟朋友聚会，说起这些年成都报刊副刊的变化，岂止是一声叹息。想想《娱闲录》或《风土什志》曾经的岁月，也似乎预示着文化再沉寂之后，又会焕发新的活力吧。但愿如此。

留得住的成都话

每次回故乡，熟悉的乡音被各种奇形怪状的乡音所充斥，不免有些迷茫。不是那些方言够味儿，而是觉得这太杂乱了。儿子说这是在方言里没有找到归属感。这话我基本上赞同。说到底，日常所需的语言，如果太过于夸张，可能就使语言丧失了意义。

关于方言，《剑桥语言百科全书》中有关方言的部分这样说的："所有语言都被分析为一系列方言，这些方言反映其使用者的地区和社会背景。这种观点认为每个人都说一种方言——不管是城市的还是农村的，标准的还是不标准的，上层阶级的还是下层阶级的。从语言结构来看，没有一种方言比另一种'优越'。"

话虽如此，但凭着对语言的感觉差异，对熟悉的方言还是会产生出亲切感来。早些年，看成都的报纸上有《川渝口头禅》，觉得是很夸张的做法，后来我买了这个系列的图书，尽管觉得那些方言土语不够地道，但至少是形神兼备吧。

不过，胡适在《〈海上花列传〉序》中说过："……方言最能表现人的神理……古文里的人物是死人，通俗官话里的人物是做作不自然的活人，方言土语里的人物是自然流露的人。"这就像是日常生活中所使用的语言。我后来也还买了《成都话方言词典》，那是为了查找成都话的来源与解释，有时候也可用来做小孩子的方言启蒙。

在前两年，又有一册《四川方言词典》出版，一下子走红。"操哥""操妹""耍朋友""铲铲""瓜眉瓜眼""踏屑""甩空手"……每一个词条或例句无不透露出四川方言的鲜活与魅力，四川方言的诙谐幽默、感性直白、骂中含情、俗中见雅等特点在本书中得到淋漓尽致的呈现。诚然，四川方言是一种财富，乍听，直白粗犷；细品，面红耳赤。但仔细想来，这与四川人的幽默天性亦相关了。

早在一百多年前，傅崇矩在《成都通览》里就收录了大量的成都方言资料，此外，还收录了成都之江湖言词、成都之袍哥话等内容，其中有不少话在今天依然在使用，如"弯酸""龙门阵""冲壳子""扯筋""那塌"等等，语义与晚清相差无几。

李劼人的小说是关于成都市井生活的最佳写照。在文章中所出现的四川方言大都写了注释，极具学术价值和趣味性。曾智中、尤德彦编的《李劼人说成都》书里收录了李劼人的《蜀语考释》，将语言分类为世态语汇、饮食语汇、袍哥语汇、妇女语汇和官场语汇等。由此可看出成都方言的些微变迁，有的词语今天已消失了，大部分还留存了下来。这不能不说是语言的魅力所致。

2007 年，我在《成都客》杂志工作时，除了撰写一个方言专栏之外，还在每期杂志上刊登过系列的《成都话四级考试》，惹得不少朋友爱看杂志，似乎找到了早已丢失的语言时光。那些方言土语实在是让成都人唤回了久远的童年记忆。

2014年底，"好洋盘，百年前的英文版四川话教材，涨知识了！"近日，微博草根大号"头条成都"在微博上晒出了一本英语教材的照片，被大量转发，并引发热议。这部《华西第一年学生用中文教材》，是目前最早正式出版的四川话英语教材，记录了地道的成都方言，"请自动脑补洋人用四川话与当地人交流"。记者在配图中看到，教材中的汉语句子中，有很多四川方言特有的说法，比如"扫归一了""在我们这里歇""脚脚上要好生洗干净"等。"今天走得拢吗？"这句话，在教材中被翻译为"Can we get there today or not？"有意思的是，加拿大人启尔德1892年来到成都，在成都生活了25年后编写了这本教材。

纸上得来终觉浅。生活在成都，或许更能体验语言的妙处，软糯中带给人亲切感。走在成都卡卡角角，都可听到地道的成都方言。外地来成都的朋友常常学成都话的第一个词是"安逸""巴适"。语言的新鲜度让生活变得更有滋有味。不过，随着成都变成"成功之都"，方言土语似乎难以抵挡住时髦话，说成都话的人似乎有越来越少的趋势。但这无需担心，语言是日常使用的，方言一定会以自己的形式存在下来。倘若方言是"死"的语言，恐怕我们怎么拯救，都难以让其在生活中出现吧。

在成都生活多年，但我还是按照自己的说话方式讲述不同的故事，这当然不是对语言的偏见。如今到处都在说记住乡愁，那么，留得住属于自己的方言，才有记住乡愁的可能性吧。从这个意义上看，不仅是成都话，其他区域的方言，也都是文化、乡愁的一部分。记住这些传统，才有可能让我们找到归属感。

盆景的世界

　　第一次在人民公园看林林总总的盆景，只是觉得好玩，并没有深思。多年以后，接触盆景的次数增加，也只是知道些许意思而已。在盆景艺术家看来，盆景是塑造形象，具体反映自然景观、社会生活，表现作者思想感情的一种社会意识形态。盆景的艺术风格，国内专家的评定是——师法自然、技法精湛；继承传统、兼收并蓄、大胆创新。使自然美和艺术美得到和谐统一，形成了种类齐全、形式多样，特别是根盘显露、排列有序，树冠秀茂、枝干流畅，疏密有致、刚柔相济的独特风格。

　　1979 年在成都发掘出一处东汉墓，出土了一个条形土陶盆，配置木雕荷花盆景，这是成都最早的关于盆景的物证。

　　探寻中国盆景艺术的起源，也被认为是起始于汉代，唐宋时已很盛行，至于明清，渐次分为四川派（剑南派）、岭南派和江浙派三大流派。四川派又细分为川西与川东两处地方风格。川西以成都为中心，包括温江、郫县、灌县、崇庆、新都、什邡等县。川东以重庆为中心，包括重庆周围各县。成都盆景就属于川西派。

成都盆景，历来被誉为"立体的画""无声的诗"。相传始于唐时，西川节度使李德裕在新繁建园林、制盆景。查找《新繁东湖》等书，却不见有盆景相应的记载。李德裕在《平泉山居杂记》记下奇石，在《平泉山居草木记》记下水石，他对奇石的欣赏，应该在盆景中有所应用的吧。明清时，四川盆景更加繁荣，每年花会各县均要送盆景到场展示，蔚为壮观。多为树桩盆景，山水盆景多为"缸山"，即缸内配山，山上布树并置点缀物。从民国始，盆景艺术逐渐走向民间，1940年代，成都赏玩树桩盆景成风。西蜀各州县都远道前往成都展销花木。成都一带至今还保存有很多百年以上的古桩盆景。这不能不说是盆景的奇迹。

为何盆景在四川、江浙、岭南等地出现？这跟如上区域的植物众多相关。以四川为例，植物种类现有5000余种，真正利用于盆景材料的不过500种；现在由于广泛的外来植物引进，可利用于盆景制作的热带植物、果树植物大概在200种左右。

盆景的流行也跟社会风气相关。且说青羊宫的花会，迄今已有1000多年的历史了。晚唐诗人萧遗咏成都诗中就有"月晓已闻花市合"诗句，宋陆游有"三十三年举眼非，锦江乐事只成悲。溪头忽见梅花发，恰似青羊宫里时"的诗句，白居易还写下了"烟翠三秋色，波涛万古痕……三峰具体小，应是华山孙"的咏盆景诗篇。在清末民初的花会上，盆景也是一大亮点。从此可知，盆景在成都人的生活中出现并非是偶然的。

现在的四川盆景仍以桩头盆景为主，多以孤树为主体，配以山石，盘根错节，悬根露爪，以蟠扎技艺见长，且多用棕丝蟠扎，表现出三弯九拐的特点，代表作有"张松银杏""紫薇花瓶""瓶兰古韵"等，驰誉神州；山水盆景则将树桩与日本水石结合，多用瘦、漏、奇、皱的石头堆砌，不用人物、亭桥点缀，仅以竹、树、水配合。咫尺之间缩万里之景，将盆景艺术推向"移天缩地，盆立大千"的境界。山水盆景的代表作有"秀挹三峨""青城天下幽""蜀江水碧蜀山青""剑门雄关""巫山十二峰"等，蜚声海内。

成都盆景制作技艺传承人张重民认为，经过历代盆景艺人摸索和实践，川派盆景在制作技艺上形成了独特的风格和技法。制作技艺分为树桩盆景制作技艺、山石盆景制作技艺、树石组合类盆景制作技艺三种。第一种擅长表现树木千姿百态的身姿，具有绝妙的审美价值和观赏效果；第二种擅长表现奇山怪石和大自然的神奇造化，让人耳目一新；第三种则融前两种技艺于一体，综合表现树木山水的幽险，体现出和谐而高度凝练的审美观。无论川派盆景在制作技艺和表现手法上如何千变万化，其核心离不开巴山蜀水自然与人文环境的浸润和熏陶。

成都盆景制作并不是简单事，且费时良久："制作这些盆景，少则3至5年，多则十多年，甚至更长。"据张重民介绍，传统盆景制作方法中枝干造型有裁剪、弯曲、蟠扎、嫁接、雕饰五种方法，另外还有枝叶和根部造型等辅助方法。在整形修剪过程中，常强调看、慢、裁，一步一步实施。他说，川派树桩盆景以丰富多彩的规则式传统蟠扎技艺见长，名目繁多，具一定的格律，主干和侧枝自幼按不同格式弯曲，注重立体空间构图。干形格式有掉拐、方拐、对拐、滚龙抱柱、三弯九倒拐、大弯垂枝等。蟠枝的方法有平枝、滚枝、半平半拐等。而树木根部多以盘根错节、悬根露爪的造型为主。所用树种有金弹子、贴梗海棠、罗汉松、六月雪、梅、石榴、竹等。近几十年来川派盆景在继承传统造型基础上，创新了一批姿态自然、颇具特色的自然式盆景，与传统的古雅奇特桩景相映成趣，为川派树桩盆景的发展闯出新路。

张重民认为，好的盆景很难得，第一个就是立意，做盆景如作画，要意在笔间，看意境；另一个就是选材，不管是石材、树材，都要和创作意境融合；最后是布局要合理，主次分明，稀与疏都要掌握好。要成为一代盆景制作名家，盆景制作技艺固然重要，传统文化底蕴也不能少。张重民自 1978 年起即从事盆景艺术创作、园林景点设计、施工，生产管理工作；研究风景园林、盆景制作的平面和立面空间构成关系，并拜盆景艺术大师陈思甫、盆景艺术家何子元、陈古清为师，分别向他们全面系统地学习四川规律树桩的蟠扎技术及山水盆景制作、造园、堆山叠石、理水、绿化栽植技术。与此同时，他还师从山水画名家张幼矩、朱常棣、罗其鑫学习中国山水画，同时自习中国花鸟画及书法，让其盆景充满中国山水画意境。

在川派盆景界，有"三陈一杨"之说，"三陈"为陈思甫、陈开钦、陈子华，"一杨"为杨茂盛。他们以不同的盆景艺术形象，拓展了成都盆景的视域。

有意思的是，翻开那些泛黄的报纸，不难发现，成都盆景活动不绝如缕：2012年9月，由成都市林业和园林管理局主办的"成都市第十九届盆景展览"拉开帷幕。此次活动持续到10月8日，在此期间邹秋华等18位盆景大师的名作珍品首次集中展出。2013年10月15日，作为纪念杜甫诞生1300周年纪念活动之一的杜甫诗意盆景展暨中国盆景艺术大师草堂诗意盆景研讨会，在成都杜甫草堂博物馆举行。

成都盆景与艺术家的参与是分不开的。1950年代成都的第一代中国盆景大师李忠玉先生等，与中国近代国画泰斗冯灌父先生密切合作、互相交流、共同探索，创作了不少既有传统又有新意，既符合自然又颇具画意的自然式川派树桩盆景作品，为中国盆景的创新作出了可贵的贡献。冯灌父、薄文先生也在1957年撰写出版了《成都盆景》一书。将盆景注入文化气息，让盆景作品更具时代意味。

前不久，我在网上看到晓凡先生在《在成都各大公园感受盆景文化》一文，其中记录了成都的公园盆景分布，不妨作为欣赏盆景地图来看待：

金牛宾馆：收藏有最为典型的川派盆景身法的贴梗海棠、罗汉松等作品，风格苍老、古朴、壮观之至。

杜甫草堂：是川派梅花盆景较多，树桩盆景质量好、数量不少的地方。首任四川省盆景艺术家协会常务副会长张远信先生制作的大型山水盆景，充分体现了川派山石盆景"高、悬、陡、深、奇、浑"的魅力。

南郊公园：是陈毅副总理1959年11月6日视察时，留下"高等艺术，美化自然"题词的地方，他高度评价和赞扬川派盆景艺术。陈毅的题词为中国盆景增添了文化内涵。1979年10月至12月，成都举办首次盆景蟠扎技艺培训班，陈思甫、刘德宽、潘传瑞等在此授课。

百花潭公园：是树桩盆景最为集中的地方，川派盆景传统身法、手法，在很多老桩盆景上得以体现；已故中国盆景大师李忠玉先生制作的大型地景山石盆景作品，至今还屹立在庭院中，给人以典雅、雄伟、大气之感。

武侯祠：有专门的精致盆景园，众多的川派盆景是这里的特色。"2001蜀汉杯中国盆景艺术作品展"在此举行，来自全国各地1000多件盆景精品参展。四川省盆景艺术家协会在此办公、活动。

望江楼公园：竹类盆景及山石盆景是特色。1972年李忠玉、王万禄等在盆山景区堆了成都建国后第一座假山；中国盆景艺术家邹秋华先生在此工作至退休，制作和养护了很多特色盆景。（邹秋华2000年被中国盆景艺术家协会评为"跨世纪杰出盆景艺术家"）。

人民公园：1954年，公园制作的仿宋代古画的大型盆景"泰山五代夫松"被收入《成都盆景》（1957版）；成都市的第一届盆景展1952年在此举办。1979年全国盆景展时，成都赠送给中南海6盆、钓鱼台国宾馆6盆盆景。

文化公园：已举办47届的每年一届花卉展同时都有川派盆景

专题展。有个性的砂积石盆景是这里的特色。走入公园可感受到青羊宫"花朝节"文化在此影响深远。1944 年，黄希成以"希成博物馆"的名义在"青羊宫花会"展出各种盆景 100 余件。1982 年周孟和的梅花盆景"疏影横斜"参加比利时展出。

离堆公园：是川派树桩盆景民间艺人作品荟萃的地方。不同风格的川派树桩规律式、自燃式古老盆景汇集于此。在都江堰成功申报"世界自然和文化双遗产"活动中，川派盆景在其中重重地写了一笔。玉瓶迎宾金弹子，它主干弯曲，枝桠略为下倾，正看三大弯，侧看九个拐。此法造型费工、费时、难度大，历经数十代园丁的辛勤蟠扎、精心呵护而成，联合国教科文组织世界遗产专家莱斯莫洛伊博士曾驻足它面前，用相机拍下了它的神韵，它是典范的川派盆景的代表作。

罨画池：始建于唐朝，为陆游的纪念祠，花卉历史文化厚重。明清时代的罗汉松、金弹子盆景尤为珍贵；以盆景艺人陈子华为代表制作和收集的川西自然式的罗汉松、紫薇、乌柿、梅花、贴梗海棠、山茶花等盆景作品为特色。这些身法、技法在 1980 年版《川西花卉·盆景制作艺术》一节中有描述。1987 年，电视剧《红楼梦》将罨画池当作"大观园"；巴金《家》的后花园，也是在这里拍摄的。

此外，易园园林博物馆也分布着大量的盆景作品。盆景虽小众，但却是一个大世界。在不少盆景艺术大师看来，这艺术化的方式正是生活在盆景中的投射。

古琴记

如今谈论古琴是时髦的话题，聚会上倘若有古琴演奏，也不妨称之为雅集。去年的中秋节前后，在送仙桥边，一群爱好书画的朋友举行了一次雅集。由"巴蜀琴王"王华德的再传弟子演奏《知音》《高山》《流水》。不免想起数年前我曾到华德先生家拜访过一次，听他聊琴。如今华德先生已归道山。

川派古琴，由来久之。在乐山就曾出土汉代琴俑。而在武侯祠内，康熙十一年就初建了孔明琴亭。而成都与琴相关的遗迹更为不少，这说明琴也是成都人生活的一部分。查阜西先生在上个世纪五六十年代进行了大量的调查采访，将川派古琴称之为"泛川派"；江嘉祐认为这"反映了四川古琴近几百年来真实的发展历程"。

成都的古琴社

今年1月间，闲逛旧书店，得一册《中国古琴艺术国际交流会》。"中国古琴艺术国际交流会"组织委员会秘书长、成都音乐舞剧院院长、成都民族乐团团长唐中六先生所辑录之琴社名录，涉及成都的如下：

1916年。谢云生（四川璧山人）、龙琴舫等设"长啸琴馆"，招徒授琴。社友有白体乾等。新繁龙藏寺僧云禅为其优秀弟子。

1937年。裴铁侠（四川成都人）发起组织"律和琴社"。成员有喻绍泽、喻绍唐、白体乾、吕公亮、王星垣、徐孝琴、梁儒斋。

1947年。裴铁侠发起组织"岷明琴社"。成员有伍洛书、阚大经、喻绍泽、喻绍唐、马瘦予、卓希钟等。

1952年。郑隐飞提议成立"成都古典音乐社"。古琴组有龙琴舫、喻绍泽、卓希钟、刘兆新、龙汉民、黄际春、王华德、喻文燕、肖德松等。

1957年。"百花乐社"成立。活动均在喻绍泽住宅，1961年活动停止。

1979年。成都琴人组成"蜀新琴社"。喻绍泽任社长。成员有雷识律、段启诚、何林、秦学友、李星琪、何朝现、俞伯孙、喻文燕、曾成伟、何明威、雷小英等。是年底，更名为"锦江琴社"。

1985年。"东坡诗琴社"成立。社长俞伯孙。

江嘉祐先生在一次对谈中说："1990年、1995年，由文化部、中国音协、四川省政府、成都市政府主办了两届中国古琴艺术成都国际交流会。作为协办单位，我们锦江琴社起到了很重要的作用。何朝现、曾成伟和我都被聘为组织委员会委员。2006年在邛崃国际文君古琴艺术节上，我为特邀嘉宾；2011年的成都国际非物质文化遗产节专项古琴大展上，我被聘为学术委员会委员，并参加了海内外琴家古琴专场演奏会的演出。锦江琴社的这些活动为古琴艺术的传播交流客观上起到了推动作用。"

查手头的这册《中国古琴艺术国际交流会》，正是1990年的交流会的会刊。可见，古琴在成都是不绝如缕的。

曾缄与《双雷引》

去年因缘际会，得以相识曾倩女士。其外祖父就是曾缄先生，她发愿要为外祖父写一传记，这自然是十分难得的事。曾缄，字慎言，一作圣言，四川叙永县人，建国前为四川大学文学院教授，于十年动乱中去世。曾先生写了《双雷引》和一则小序，这是成都琴史里的一段掌故。这里说的蓝桥生就是著名琴人裴铁侠的别号。他乃成都人，两次组织琴社，当其雅集时，也接待过查阜西、胡莹堂、徐元白等其他各地之著名琴家。

蓝桥生者，家素封，居成都支矶石附近，耿介拔俗，喜鼓琴，能为《高山流水》《春山杜鹃》《万壑松风》《天风海涛》之曲，声名藉甚。英国皇家音乐学院致厚币徵为教授，谢不往，人以此益高之。家藏唐代蜀工雷威所斫古琴，甚宝之。后从沈氏复得一琴，比前差小，龙池内隐隐有雷霄题字，因目前者为大

雷，后者为小雷。先是，成都有沈翁者，精鉴古物，蓄小雷，极
珍秘。育一女，将殁，谓女曰：若志之，有能操是琴者，若婿
也。生适鳏，闻之心动，往女家，请观琴，为鼓一再。归，遣媒
妁通聘，故琴与女同归生。生于是挟两琴，拥少艾，隐居自乐，
若不知此生犹在人间世也。改革（按指1949年后的土改）后，
家中落，鬻所有衣物自给，将及琴，则大恸。谓女曰：吾与卿倚
双雷为性命，今若此，何生为。遂出两琴，夫妇相与捶碎而焚
之，同仰催眠药死。死后，家人于案上发见遗书一纸，又金徽数
十枚，书云：二琴同归天上，金徽留作葬费。乃以金徽易棺衾而
殡诸沙堰。沙堰者，生之别业，生著有《沙堰琴编》一书，此其
执笔处也。余初与生不稔，而数传言，将招余为座上客，余漫
应之。一日，果折柬见邀，至则同坐者三人，一为谢先生无量，
一则杨君竹扉，其馀一人不知姓名，指而介曰：此熊经鸟伸之异
人某君也。客既不俗，而庭前花木颇幽邃，所出肴馔茶具，皆精
洁无比。宴罢，生出所藏琴示客，竹扉一一目之，若者唐，若者
宋，若者元明以下，而唐最佳，小者尤佳，即小雷也。生大诧，
自谓天下辨琴莫己若，不意竹扉亦能此。既而正襟危坐，授小
雷，奏《平沙落雁》。曲终，顾谓客曰：何如？或应曰：甚善。
生笑曰：君虽言善，未必知其所以善。其自负类如此。方改革
时，生以耽琴故，不问世事，于革命大义殊懵然，人亦无以告之
者。使生至今尚在，目睹国家新兴，必将操缦以歌升平之盛。然
而生则既死，余偶适西郊，道经沙堰，见一抔宛在而人琴已亡，

作"双雷引"以哀之。

《双雷引》

何人捶碎鸳鸯弦？大雷小雷飞上天。

已恨广陵成绝调，更堪锦瑟怨华年。

朝来喧动成都市，焚琴煮鹤真奇事。

少城西角有幽人，卜居近在君平肆。

不逐纷繁好雅音，虽栖城市等山林。

晚为天女云英婿，家有唐时雷氏琴。

双雷制出霄威手，玉轸金徽光不朽。

断漆斑斑蛇蚹文，题名隐隐龙池后。

比似干将与莫邪，双龙会后在君家。

朱弦巧绾同心结，枯木长开并蒂花。

秋月春花朝复暮，手挥目送何曾驻。

万壑松风指下生，三峡流泉弦上鸣。

换羽移宫随手变，冰弦迸出长门怨。

炎然急转声嘈嘈，天风浪浪吹海涛。

问君何处得此曲，使我魄动心魂摇。

双雷捧出人人爱，自倚蜀琴开蜀派。

峨眉山高巫峡长，天回地转归清籁。

操缦何如长卿好，知音况有文君在。

片云终古傍琴台，远山依旧横眉黛。

海客乘槎万里来，得闻古调亦徘徊。

远人知爱阳春曲，海外争传大小雷。

可怜中外同倾倒，名手名琴俱国宝。

绝代销魂惜此身，愿人长寿花长好。

那知春色易阑珊，花蕊飘零柳絮残。

岂必交通房次律，偶然挂误董庭兰。

负郭田空家业尽，萧条一室如悬磬。

随身惟剩两张琴，周鼎重轻来楚问。

归来长叹语妻子，幸与斯琴作知己。

忍将神物付他人，我固蒙羞琴亦耻。

何如撒手向虚空，人与两琴俱善终。

不遣双雷污俗指，长教万古仰清风。

支矶石畔深深院，庭漏丁丁催晓箭。

夫妻相对悄无言，玉绳低共回肠转。

已过三更又五更，丝桐切切吐悲声。

清商变徵千般响，死别生离万种情。

最后哀弦增惨烈，鬼神夜哭天雨血。

共工头触不周山，砉然一声天地裂。

双雷阅世已千春，为感相知岂顾身。

不复瓦全宁玉碎，焚琴原是鼓琴人。

一段风流资结束，人生何似长眠乐。

后羿轻抛弹日弓，嫦娥懒窃长生药。

郎殉瑶琴妾殉郎，人琴一夕竟同亡。

流水落花春去也，人间天上两茫茫。

刘安拔宅腾鸡犬，秦女吹箫跨凤凰。

但使有情成眷属，不应含恨为沧桑。

我闻此事三叹息，天有风云人不测。

毅豹养身均一死，木雁有时还两失。

嵇康毕命尚弹琴，向秀何心听邻笛。

问君身后竟何有？绝笔空余数行墨。

玉轸相随地下眠，金徽留作买棺钱。

昔时沙堰弹琴处，高冢峨峨起暮天。

从此九京埋玉树，更随三叠舞胎仙。

声声犹似当年曲，只有空山泣杜鹃。

　　查《吴虞日记》："过裴铁侠观其菜圃及菊花。据云，花杉出建昌，即建昌花杉板是也。成都以前无有，十余年来始有种来成都，花匠谓之凤尾松，实非松也。"（1926年9月10日）"晚饭后在门外晤裴铁侠，约至其宅看花。以石泉宜兴茶壶茶杯，泡西路佳茗饮予。又置酒。而予戒不能饮，略举箸食菜而已。铁侠自言无聊，状颇萧索，言多无根，不学故妄耳。坐少顷，予独由西城根步归。"（1929年1月30日）可见这一时期的裴铁侠的生活正与古琴有着某种的精神暗合吧。

王华德与俞伯孙

王华德与俞伯孙俱是成都的一代古琴大家。我去拜访华德先生是在 2004 年 10 月 5 日。那时他居住在东城根街的省曲艺团大院里，我没记错的话，应该是二楼。他摆谈古琴的事，依然激动，看不出他是 84 岁的老人。

他少年学艺。8 岁时，他偶然听到一位道人弹琴，第一次领略到古琴难以形容的超然幽渺之美。14 岁的时候，他认识了开戏班子的第一位师傅，正式开始学艺生涯。"学 3 年帮 1 年，我读了 7 年私塾，师傅就叫我写戏牌、端茶收钱。"几年时间，王华德学会了琵琶演奏。1946 年，生活稍稍安顿后，24 岁的王华德拜著名古琴家易上达为师，开始与古琴的不解之缘。

王华德此后到处拜师学艺，先后师从易上达、龙琴舫、侯卓吾、张孔山、俞绍泽等古琴大家。小有琴艺的他在北京结识了著名古琴大师查阜西，被收做徒弟，被传授了更高的琴艺。

那次跟华德先生聊了以后，原本打算写一篇介绍文章，在写此文时，居然找不到了文章的所在。这不免是一种遗憾。

琴家俞伯孙 12 岁进"东方戏剧学校"学习戏曲，14 岁时始学古琴，师承川派琴家陈蕴儒、龙琴舫。中年时遍访海内琴家查阜西、吴景略、溥雪斋等，博采众长。按道理说王、俞两人是师兄弟，但却时常起争执。

后来，我在杜甫草堂参加文化活动，听过俞先生的琴曲。不过，最早应该是 2005 年 5 月在桃花故里的绵阳李白故里、成都桃花诗村隆重举行两地"诗歌结盟"仪式上，俞先生弹的是《高山》《流水》。如今，俞先生也已离世。

王华德与俞伯孙的琴音虽绝，但依然有弟子在弹奏古琴曲。在熙熙攘攘的人群中，古琴虽然小众，却亦是闲情雅致之一种吧。

卷四　风情

迷醉的时光里，有些事值得我们记取。

成都人

　　偶然读作家艾芜的《花园中》，父亲翻看着一册比《资治通鉴》还要大一倍光景的家谱。"谱上明明白白写着的，讲我们上川来的祖人，从湖北来的时候，路上带个鸭蛋，就吃了一个多月才吃完。"

　　四叔父："这样看来，当真穷喃，我还以为是人家说来挖苦我们祖先的哩！"

　　"哪里算是穷！这是你祖先人俭省！"在祖母的眼里，就是另一种说法。

　　"听见四川土地肥沃，出产丰富，又还可以随你意思，插占田地，哪个还不想来呢？"

　　尽管有家谱可以佐证，但迁居成都的人到底是怎样的想法，实在是一时也难以说得清楚吧。这正是历史的复杂性所在。不过，由此我们可看到历史的演进，小人物的随机生活，是不确定的，特别是遭遇战乱、水灾旱灾之时，其所选择的余地就更为窄小。因之，人口迁移的背后，所隐含的故事，在后来者的眼里，可能别有一番意味。

清末傅崇矩《成都通览》有《成都之成都人》曰，成都之地，古曰梁州，历代皆蛮夷杂处，故外省人呼四川人为川蛮子，也不知现在之成都人，皆非原有之成都人，明末张献忠入川，已屠戮殆尽。国初乱平，各省客民相率入川，插站地土，故现今之成都人，原籍皆外省也。外省人以湖广占其多数，陕西人次之，余皆从军入川，及游幕、游宦入川，置田宅而为土著者。

倘若把成都人按籍贯分，大致如下：湖广籍，占二十分之五分。河南山东籍，占二十分之一分。陕西籍，占二十分之二分。云贵籍，占二十分之三分。江西籍，占二十分之三分。安徽籍，占二十分之一分。江浙籍，占二十分之二分。广东广西籍，占二十分之二分。福建山西甘肃籍，占二十分之一分。

可见，当时的成都人来源颇为多样化。实际上，在人口可正常流动的时代，谈论人口的来源意义并不是特别重要，但就一个地方文化基因组成、民风民情的演进来看，却又有相当重要的价值。

成都人之所以能成为成都人，并不在于"像成都人"，而在于成都人本身所包含的文化魅力，即活成成都人的范儿。成都人的来源复杂，近百年来亦是如此，如随着"三线建设"落居于成都的人，也有因经商、就业留在此处的人。但无一例外地都是以成都生活方式过日子。这种过法，既有对日常生活中诸如茶馆、饮食的喜好，也有对物质欲望的精深理解。

倘若没有这种结合，可能日子就过得很"惨"。对成都人生活理念的认同，才是成都人留守、发展的可能性存在。这在日常生活中，自然而然地就演变成对文化的守护——假若没有这一点，可能城市特色就不能很好地传承下去。

休闲、安逸、闲适，这样的词语拿来做成都的城市性格，虽恰当，却似只凸显出来慵懒的性质。大概唯有居住在成都的人才懂得，在波澜不惊的生活表面之下，亦需有生活下去的办法，才能够做到享受生活的吧。

林文询在《成都人》里说，成都人的文化性格，归纳起来可以这样说：喜为人先，意思是成都人创业富有激情、事业充满干劲，也就是会工作；乐容天下，意思是成都人胸怀宽广博大、秉性热情友善，也就是会做人；进退自如，意思是成都人善于求实开拓、敢于委曲求全，也就是会处世；浮沉自安，意思是成都人既能与时俱进，又能四平八稳，也就是会生活。

这是一个老成都人对成都人的定义，不乏有趣之处。但仔细想想，这种人的性格，在不同的阶段所表现出来的个性，也是有着些微差异。说到底，会生活，就是不管社会变得如何沧桑，都能活出自我，这需要的是对人生的自信。

作为一个移民城市，其融合能力，或许就构成了城市的生命力。成都人的生活范式看似简单，只是休闲而已，往深层次思考，或许我们能发现它的驱动力在于构造一种美好想象——那是对当下的生活些许不满意或不解所带来的正常反应。

身处成都，偶尔眺望别处，不足也是生活的一部分，倘以时时比较的眼光去看待，就难免会有英雄气短之感。但那比较可以放在更宽广的世界里进行，如你有你的幸福，我有我的快乐，两者虽在数量级上不能相较，但在质量上却能达到同样的效果。这才是成都人生活的精髓所在。

不管怎样，在今天不断强调"成功之都""国际化都市"，看上去高大上，实则是距离成都人的生活有段距离。记得前两年去医院做采访，刚好那一年提出医院国际化，医生护士要懂外语，也在医院配备相应的设施。可对一般医院而言，这不过是做做样子而已，实则是吸引不了外国人来此就医的。但这作为一种姿态、创新，虽知道无效，却也不得不跟着去做。这当然只是一个个案，但这与成都人骨子里的性格却是不相合的。

当事物失去了才会发现它的美好。成都今天宜居吗？似乎算不上最好的城市，比如交通拥堵、雾霾天增多……无形中都给这种宜居减色。但这似无奈的事，毕竟城市要发展。然而这发展，不是不切实际的"发展"，而是利用资源，有效地拓展城市的人文、宜居空间，而非是把城市变大才算得上是发展。如果城市变大，而忽略掉了居住的可能性，那它就不再是一个值得人流连的地方。

成都人在今天，依然在继续演进。来来往往，许多人只是这个城市的过客，但这并不妨碍我们在这里生活。单就这一点看，成都或许可称为一种人文典范吧。传统与时尚，看似矛盾的构

成，实则是生活的一体两面，只是更多的时候我们只关注那么多美好的一面，却忽略掉它的侧面。这样一来，我们生活得够美好吗？似乎算不上。

在历史演进的过程中，如何把握住自己的生活重心，活得自在，这是成都人的生活理想和哲学。老谋子的那句话——"成都，一座来了就不想离开的城市"，在我看来，更精确一点的说法是：生活价值观的认同，而非是某种闲适生活形态的贪恋。

理发的潮流

理发看似生活里的小事，却也能够反映出一个地方的风俗习惯。旧时成都的理发业不是很发达，多是小店经营，不少还是挑担走街串巷服务。廖上柯《理发史话》记载，整个清代，只有剃头担子。清末民初，茶馆业兴起以后，才有剃头匠人在茶馆里开始营业。再后来，又有人开专业剃头店铺，叫做"待诏厂子"。当然，这时候还引进了新工具、新技术，有了剪头新业务。

《理发史话》里说，这段时期的理发项目，除了剪剃头、修面之外，还有取耳（掏耳）、洗眼、搬打（也叫推拿、舒筋捶背），统称"五匹齐"。值得一说的是，剪、剃头是正活，有相应的定价，其他项目收小费，酌情给予就成了。魏道尊《成都剃头逸事》说："晚清时期，剃头技艺已发展到16种，即梳（发）、编（辫）、剃（头）、刮（脸）、捏、捶、掰、按（此四种俗称按摩）、掏（耳）、剪（鼻毛）、染（发）、接（骨）、活（血）、舒（筋）等。"

这一时期的成都人的发型，相对来说极为简单。男人们的发式出现了三种类型：通都大埠，有新式理发店的地方，人们仿效欧美和日本人，剪成拿波头、分分头、平头、元头（或称学生头）等等，当时统称东洋头。第二种，干脆剃光刮净，成了光头、和尚头。这种头式简便利落，当时剃光头的特别多。第三种是从后脑齐展展地减掉辫子，四转一仍其旧，名曰"鸦鹊窠"，或叫"一匹瓦"。

本地人开的一家新式理发店，《理发史话》记录的是薛特恩开设的理发店，而《成都剃头逸事》则说成是薛子芳。张绍诚《锦里街名话旧》载："薛特恩烈士之父薛子芳（曾随教士去过南洋，学会使用西式理发推剪）所开成都第一家西式理发店。"此店最早是在 1911 年开设在陕西街，"铺面是清一色花格门窗，内堂有一把沙发式铁制转椅（从南洋带回来的）和几把能升降的木制躺椅……光这一堂别具一格的设备，就使许多成都人赞不绝口。"这家店后来迁到半边桥街。1940 年，这家理发店被国民党查封，薛特恩当场被逮捕。原来此理发店为地下党的联络站。薛特恩曾做《大声》周刊的公开发行人、编辑，为车耀先的学生和得力助手，后被活埋于凤凰山。

成都第一家外国人开的新式理发店，是 1916 年日本人崛口开设的东洋理发店。店的地址，《理发史话》说是在暑袜街，而《成都剃头逸事》和朱文建《成都第一家理发店》都认为是在祠堂街。"崛口的技术好，设备也先进，虽然收费高，前来光顾的人也很多。据说他赚了不少的钱，经常都往日本家里寄钱，后来他还娶了个成都姑娘，有家有室了。但几年后，崛口因病死去，理发店就由他原来的管事掌管了。"

在民国年间，曾有竹枝词写道过成都的发型变化，民国十二年（1923年），刘师亮《成都青羊宫花市》竹枝词里说："宝髻由来羡蜀都，牡丹刘海赛姑苏。而今又变新花样，鬟鬟多梳太极图。"在注释里，他说，上年成都流行牡丹刘海头式，今则重太极图头式。而到了民国十七年（1928年），有首竹枝词亦说："巧梳云鬓近如何？花样年来变得多。头式又兴油漩鬓，中间一个大窝窝。"可见成都的发型潮流是快速的。

此后，成都相继出现的理发店有高记理发店（华兴街）、美都理发店（顺城街）、明星理发店（春熙南段）。这些理发店的相继成立，也带动了成都女性发型的变化。

官员理发，也别有一格。《理发史话》记载："邓锡侯总是早起溜马路以后，就来大光明，不多言多语，剪个光头就走。张群、王瓒绪则边理边摆龙门阵。刘文辉照例要你用磨得锋快的土剃头刀给他剃光光头，不让你用刮起来'哗、哗'作响的东洋刀。王陵基来理发那就麻烦了！他照例身带八个卫兵，在春熙路北口，一边站一个；重庆银行和锦华馆口各站一个；店门口，左右各站一个；为他理发的理发师左右各站一个，戒备森严，不但弄得理发师精神紧张，全店上下也为之悚然。"

陈治儒《成都市区理发行业的发展回顾》载："仅1950年末税册记载，成都市区理发业有固定店498户。这些固定店分布在市区的大街小巷和茶馆内。不久，在市有关部门组织领导下，按东、西、南、北四个区域建立了行业公会，东区 161 户，西区 86 户，南区 151 户，北区 100 户。"又，"1952 年至 1954 年期间，由分散小店合并为联营社的主要有三个：一社在春熙路东段；二社在北大街，后迁到黄田坝一三二厂；三社在骡马市。"至 1956 年理发业公私合营的有 34 户，其中一类户有大光明、云裳、美琪等 7 户，二类户有群生、新华等 27 户。此后，这一类型的理发店开始走下坡路。

成都理发业是在改革开放中才陆续得以发展。长期以来受到价格的束缚，上世纪五六十年代男宾理发价格，大型店（例如大光明、云裳）每位是三角，到 70 年代调到四角，1985 年特级店价格每位壹圆壹角，一级店八角，二级店七角，三级店六角。随着社会的发展，理发业也有较大的进步。今天，美容美发店林立，你理怎样的发型，都不再是困难的事了。

夜市风景

近读《成都通览》，书里有一篇《成都之夜市》，介绍晚清至民国时的成都夜市概况：

夜市在东大街、西大街，上自城守衙门起，下至盐市口止，百物萃集，游人众多。大约可分为四段：城守署至臬台署走马街口，售饮料者为多；由臬署起至新街口，售寻常书画铜器者为多；新街口至鱼市口，售古董玩器铜器及鲜花者为多；鱼市口至盐市口，售鲜花、旧书、玩具、洋货杂器、冠帽、铜首饰者为多。黄昏时起，二更后散。近日且推出歧路，推及走马街、青石桥、东御街口矣。夜市均地摊，雨天稍冷淡。在前三四年，除市摊栈铺面，夜不闭户者甚少，只有香货铺、药铺而已。近来则洋广货铺，与上海同，均开夜市，又有绸缎铺、洋布铺等，至夜市时一变而为彩票铺矣，到白天仍售洋布绸缎也。成都之售彩票者，亦以夜市上为最多。每至十二月除夕夜，买物尤觉便宜，正月初十后方再开市。然夜市物件，伪者甚多，奸商亦伙，小窃之剪扭者，如剪辫口，抓小帽毡帽等。虽警察甚严，亦难防也。

　　不过，若说成都夜市的起源，可谓由来久矣。朱君《清代成都夜市刍议》认为，成都的夜市在产生时间上基本与全国性的夜市同步，即产生于唐代中后期，兴盛于宋。关于成都夜市的记载，从旧文献中亦可寻得蛛丝马迹。《成都志》载："锦江夜市连三鼓，石室书斋彻五更。"民国《华阳县志》说："在大慈寺田况有《七月六晚登大慈寺阁观夜市》：万里银潢贯紫虚，桥边蟾蜍待星殊。年年巧若从人乞，未省灵恩遍得无。"两位在成都生活过的诗人，范成大和陆游亦对此有记载。范成大《石涌居士诗·前堂观月》："东郭风喧三鼓市，西城石泅二江涛"；陆游《剑南诗稿·七月八日马上作》："明河七夕后，倦马五门前。小市灯初闹，高楼鼓已传。"而《岁华纪丽谱》也记载："七月七日，晚宴大慈寺设厅，暮登寺门楼观锦江夜市，乞巧之物皆备焉。"《方舆胜览》："每岁七月七日，蜀人登大慈寺前雪锦楼观夜市，故今蜀俗夜市犹盛。自鱼市口至旧臬署前，皆清季夜市处也。"

　　成都夜市的形成，与成都人的习性颇为相关。冉云飞在《从历史的偏旁进入成都》里亦说："成都人既爱玩耍，又生性奢靡，那么夜晚不必能久困他们，尤其是唐宋两代成都经济文化的急速繁荣发展之后，在一些重要的场所、人流出没较多的地方，官家设立了灯笼以照明（清末有电灯之前用马灯、油壶照明），在财政拨款中设立了一点膏火费。或者鼓励商人们联合起来自行解决照明问题，以便在该地搞经营，进行商品交易，终成夜市。"

　　李劼人曾在《天魔舞》里记录成都的夜生活，那是抗战时期的事：娱乐场所，白天是准备有闲阶级的人们去消遣，夜间则只能以很短时间供应忙人，无论是书场，还是戏园，是电影院，大抵在八点钟以后不久，就收拾了。因此成都人没有八点半以后的夜生活，于是从下午的五点起，就几乎成为有定例的逛街，和欣赏窗饰，和寻找娱乐，和钻茶馆会朋友谈天消遣的必要时间。可以说，这是成都夜生活极为贫乏的一段时间了。此前，李劼人在《死水微澜》里写到东大街的热闹："一入夜，凡那些就地设摊卖各种东西的，便把这地方（路边房舍的檐阶）侵占了；灯火荧荧，满街都是，一直到打二更为止。这是成都唯一的夜市，据说从北宋朝代就有了这习俗，而大家到这里来，并不叫上夜市，却呼之为赶东大街。"

魏南生《旧时的商业中心和夜市》说，成都的夜市在民国时期，主要有东大街、青年路、皇城坝和纯阳观的年终夜市等几处。其中，青年路（原名九龙巷）的夜市兴盛于20世纪40年代的中后期。由于缺电，摊贩多以蜡烛或美孚灯（一种加罩的煤油灯）照明，讲究点的则用电石灯。皇城坝（现天府广场）的夜市摊点，也因电力奇缺，大都用牛油烛和油壶子照明，远看星星点点，忽明忽暗，人影摇晃，叫卖声、吃喝声不绝于耳。此外，纯阳观每到年末岁尾，与东大街夜市相呼应，与春熙路各家商店之"大拍卖"相媲美的，是纯阳观至永兴巷口的年终夜市。从农历腊月初八吃了"腊八饭"后，呈"一"字形的地段陆陆续续摆开大大小小的年货摊子，其中又以穿的戴的占压倒之势。

　　1949 年以后，成都几乎取消了夜市。1990 年代初，锦江区在春熙路亦开设夜市，从南段到北段，每晚在 5 时以后即架摊设市，以百货为主，兼有小食品参加，还有一些廉价书摊也杂在其中。城市变得越来越大，而夜市常常聚集在路边或桥梁下，阻碍了交通的发展，因此成都就果断地取消了夜市。2011 年 11 月，成都公布了规划中的夜市地址，分别是第五大道、兰桂坊、欢乐谷华侨城商业街、新南天地商圈、铁像寺水街。但这些夜市与昔日的夜市，无论是在风格上还是在内容上有了很大的不同。有意思的是，夜市是由市民自由交易形成的独特市场，一旦经过规划、管理，就失去了它原有的味道。

流动的饮食会

傅崇矩在《成都通览》里有一条《成都之筵席所》，介绍晚清至民国的成都游宴的场所。他说：凡游宴者，在下开各处，均可借地设筵，茶水有看司预备，每席一元，地金五角或一元。筵席且分为城内城外两种场所，其中城内的有：

丁公祠，在方正街，官绅借此宴宾者甚多，有亭台花木。正月初一日，男女杂沓。

贵州馆，在贵州馆街，有池亭花木，春天梅花繁盛。

海会寺相国祠，在海会寺街，不甚宽广。

三义庙相国祠，在提督街三义庙内。

叶公祠，在浙江馆内，有池亭。

濂溪祠，在福建馆内。

延庆寺，在南门纯化街，近年设有学堂在内。

小关庙，北门小关庙，有小楼阁，隔墙有菜园，夏天粪气薰人。

西来寺，西门内，地僻荒凉。

蓬园，在小福建营巷内，主人龚蕾侯所辟。

孙家花园，在布后街孙观察之家，园池亭沼曲折，一片富贵气象。有人介绍，可以假座池中，鱼种甚多。

此外，在城外还有好些家筵宴，给人的感觉是比今天的农家乐还是高档许多，其名单如下：

武侯祠，在南门外三里许，当南大道，官绅送行多饯于此，夏日纳凉游者甚多。道人煮茗出售，每碗六文。有古柏、铜鼓、昭烈帝陵，每逢春正月，游人如织。

草堂，在南门外西南七里，修竹千万，梅花亦多，夏日最宜纳凉，地亦宽阔。杜公祠、浣花溪题联甚伙。每年正月初七日，游人纷至。

江楼，在东门外九眼桥下，即濯锦楼也。花木甚多，买舟东下者，多设饯于此。有薛涛井、吟诗楼、浣笺亭、流杯池、崇丽阁诸名胜。夏日纳凉者多。井水甘冽，为成都第一泉。雷神祠局其侧。有售茶者，每碗六文。近年设有饮食店，楼外亦有小车，对岸即是新厂，有渡船。

二仙庵，在南门外青羊宫侧。修竹夏凉，避暑最多，空气甚洁。予有木刻对联悬庵内："道人应怪游人众；一庵且作两庵看。"集苏长公句也。

冯园，冯石门所筑也。冯威川中老酷吏，善画人物，园在草堂之侧。

双孝祠，在二仙庵侧近，马少湘孝廉为其子昌、女凤琳建也。地居名胜，可以不朽。花木台榭甚佳，借地设宴者，须前二日在走马街马正泰铺内填写票纸，临时遂有人备茶水。每年花市时节，官绅宴于此者，日以数百计。因畏人出入，闭门如卡禁，故游人多为阻兴。

大南海，北门外木厂侧，小结构也，可以宴客。

白马寺，在省城外之西北。

雷神庙，在望江侧，东行设饯之所，有茶有酒，游人至此，咄嗟可办。

小天竺，南门外徐家巷子，杨宫保故园之对面也。有石虎蹲路旁，庙内有亭榭，门外有大榕树二株，露根于阶下，最为奇古。

成都游宴小史

成都人好游宴由来已久。在宋元时期，成都人最爱游的地方是西门安福寺，该寺中有13级高塔，雄奇壮伟，俗称黑塔，是人们登高眺远、俯瞰市容之处。元朝的《成都岁华纪丽谱》记载："郡人晓持小彩幡游安福寺塔，粘之盈柱，若鳞次然，以为厌禳，惩咸平之乱也。塔上燃灯，梵呗交作，僧徒骈集，太守诣塔前张宴，晚登塔眺望焉。"说的就是大家到安福寺游塔的场景。

对于蜀中民间的游宴，宋代地方政府主要采取因势利导的政策。最初，官吏每遇大型游宴活动则在外围派兵观望，维持秩

序。宋太宗太平兴国五年（980年），张咏出知益州，顺从民意，积极主动地组织、参与游宴。《岁时广记》引《壶中赘录》言：

"自万里桥以锦绣器皿结彩舫十数只，与郡僚属官分乘之，妓乐数船，歌吹前导，命曰游江……抵宝历寺桥，出宴于寺内。"张咏因顺从民意，善理政事，受到蜀中人民爱戴，他的方法也成了继任官吏的常法。韩琦说："蜀风尚侈，好邀乐。公（即张咏）从其俗……后人谨而从之则治，违之则人情不安。"

北宋时，成都游宴之风甚炽，北宋仁宗时宋祁知成都，更把游宴活动开展得多彩多姿。宋祁著《益部方物略记》，第一个向四川以外的地区详细介绍四川奇异的土特产和部分烹饪技巧。

宋祁在蜀中倡导游宴，以其过于频繁且趋于奢侈，到了朝廷难以容忍的地步。《宋史·宋祁传》载：右司谏吴及尝言宋祁："在蜀奢侈过度""御史中丞包拯亦言祁益部多游宴"，后来他迁龙图阁学士，调任知郑州。但宋祁离开蜀中后，流风依然存在且影响极大，历届成都太守都仍主持并带头游宴。苏轼《次韵刘景文次元寒食同游西湖》诗自注："成都太守，自正月二日出游，谓之邀头，至四月十九日浣花乃止。"

这种风气，虽因后来的战乱有所中断，但似乎成都人骨子里有着游宴的时尚。至于游宴时所用的食物，到底是怎样的，已是不可考的事了。

农家乐的精耕细作

游宴之风在 1980 年代再次在成都出现，并不是偶然的因素，而是此时经济开放、社会文化活泛的表现。1987 年，中国首个农家乐在郫县农科村诞生，一点也不奇怪。走过 30 年风雨路的成都市乡村旅游业现在可谓一片兴旺：星级农家乐、艺家乐层出不穷，花样翻新，农家乐产业也在打造千亿规模农业产业集群。

如今在成都周边分布着大量的农家乐，它们以各种面目出现，不管是打麻将还是斗地主，亦或是钓鱼聚会，都能提供种种的方便。在农家乐吃喝玩乐一天，花费不多，也是最普遍的娱乐。成都农家乐之所以做得很大，原因在于成都人热衷于游乐之风。

农家乐虽在中国仅仅有二三十年的历史，却呈现出了不同的特色。如第一代农家乐是以农科村为标志，以吃农家饭、干农家活、住农家乐、简单的农事体验为主，其特点是原生态、粗放型，可复制粘贴，其发展对应的阶段是上个世纪 90 年代，和我国工业化初期相匹配，适合当时消费水平较低的乡村生活体验者。

第二代农家乐则是以三圣乡的"五朵金花"为标志，以乡村文化品牌化展现为主，其特点是标准化、规模化、符号化。由于农家乐的特殊性，难以形成连锁经营。其发展对应的是 2000 年代，和工业化中期相匹配。

到了第三代农家乐，则是借鉴西湖龙井草堂和台湾乡村客栈的发展模式。其特点是小型化、精致化、个性化。由于有个性和特色鲜明，目标客户可细分，并量身定制。由于其文化含量较高，因而难以复制，其发展对应的是工业化中后期，以体验经济为主。由于能随消费者的需求变化而变化，可以模式多样。

农家乐起初只是不经意间的创意，带给成都人的却是慢生活的开始。周末，耍在这样那样的农家乐里，既能体验生活之慢，又能享受到空气的清新。当人们徜徉在花前树下，农家院落里，吃着土菜家常菜时，就好像找回到了已丢失的时光。

游乐的良辰美景

唐宋时期的游览

唐时修建的合江亭是这一时期经常举行游乐的场所。何长发《成都合江亭》记载，合江亭鸿盘如山，横架赤霄，广场在下，砾平云截。登亭俯之观之，清流激端，沙鸟上下，船楼相接；远望东山，翠林隐约，把林笼竹，列峙左右。置身其中，使人顿生诗情画意。为唐人又一宴饮、饯别、游览胜地，名士骚客题诗，往往在焉。五代时期，合江亭因被前后蜀王据为别苑为王室贵族所独享。北宋时期官府不治，合江亭园颓圮。蔡追《合江亭记》言："园可娱官，官之人未必皆材。又属公府尚简，重燕游阔，疏因弗以治楼欹！亭移花竹，剪制荒移萧条，可念其羞者独长江茂竹耳。"

这种游乐之风在宋时也很流行。陆游《合江因涉江至赵园》诗注："成都合江园盖故蜀别苑，梅花甚盛，自初开监官日报，府报至开五分则府主来宴，游人竞集观赏游乐。"白麟《合江探梅》诗："艇子飘摇唤不回，半溪清影漾疏梅。有人隔岸频招手，和月和霜剪取来。"张焘《合江亭》诗:"却暑追随水上亭,东郊乘晓戴残星。余歌咽管来幽浦,薄雾疏烟入画舻。兴发江湖驰象魏,情钟原隰咏飞鸽。故溪何日垂纶去,天末遥岑寸寸青。"这是重建之后的合江亭。不过,在南宋末年,合江亭再次被毁,这里成了一片废墟。

谭继和和冯小露在《九天开出一成都》中认为成都有三种游乐方式:

一是岁时游乐,几乎每季每月都有二至三次全城性的全民游乐活动。唐宋时成都的游乐:正月元日游安福寺、二日游大慈寺、七日(人日)游草堂、十五日上元放灯(道士叶法善引玄宗梦游成都灯市,喝酒于成都东郊富春坊)。唐代时成都放灯一夜,宋代时发展为三夜,在昭觉寺举行。到近代,灯会时间越来越长。正月二十三日游圣寿寺蚕市、二十八日游净众寺。二月二日踏青小游江,从万里桥开始。八日观街药市、十五日蚕市杂耍。三月三日游学射山、九日大慈寺蚕市、二十一日大东门游海云山鸿庆寺,二十七日大西门外圣人庙。四月十九日洗花大游江,从百花潭至九眼桥,有龙舟竞渡,仅大型龙舟即达百余艘之多,"最为出郊之盛"。五月五日大慈寺饮雄黄、买彩线、挂长命索、吃筒饭、粽子。六月初,头伏游江渎池。七月七日夜市,十八日盂兰会。八月十五日中秋。九月九日士女游车,全城游览至玉局观止。十月冬至游大慈寺,冬至后一日游全僧寺。腊月庆坛神、游川主庙,岁末献金花树、忘忧花。

二是"遨头""遨床"游，这是唐宋成都游乐的独有特点，为其他城市所无。所谓"遨头"，是指带头游遨的成都太守；"遨床"是旅游用的小板凳，老百姓带着凳子游乐。特别是浣花大游江和龙舟竞渡这两个节日以及正月和岁末，都要由太守带领老百姓同乐。这个习俗是成都独有的。

三是土俗土风游乐。除了其他城市共有的一些土俗土风旅游外，成都有三种土俗旅游最特殊：礼拜杜鹃鸟（杜鹃是蜀王杜宇啼血的象征，蜀人见杜鹃鸟即认为是望帝之魂而要跪拜祭礼）、拜川主（即拜大禹、李冰和二郎神）、拜马头娘（养蚕之祖，即螺祖）。

民国初年的游览

在傅崇矩《成都通览》里的《成都之有期游览所》记载了民国初年的成都人的游乐生活。有期游览所者，一年中有一定之时期，届时则游人众多，平时则游人无几也。这与今天的种种节日相类似：

正月初一，也就是大年初一，游各庙宇，如方正街的丁公祠、武侯祠、望江楼。这几个地方几乎是成都的代表景点，这一时期的游玩，可以说是人满为患，是谓出行。

正月初五，游武侯祠，这里是春天最佳游览胜地，每年的正月游武侯祠是必不可少的节目。

正月初七，游草堂寺。人日游草堂的历史由来颇久，每年的这一天在草堂游玩，可感受不同的风景。

正月十五，游武侯祠。

正月十六，游城墙上游百病。在围城四十八里的城墙上去走动走动、游玩游玩。这一风俗最早是妇女们害怕动针线会患百病，于是结队出行。这真是"正月十六游百病，游了百病不生病"。

二月至三月，游青羊宫二仙庵。这里从二月十五开始，每年固定举行一个月的花会，这也是成都人最爱游玩的场所。

三月二十八，游东门外东岳庙。三月二十八，是东岳大帝诞辰日，届时就举行庙会，自然吸引成都人去游玩了。

四月初八，则为游雷神祠观放生会。这一天是浴佛节，常常举行鱼、鳝放生会，地点常常在望江楼畔或沙河堡放生地。秦晴川有首竹枝词说："胜日寻芳作冶游，锦江桥畔系扁舟。红男绿女知多少，挤得人家大汗流。"陈伯怀亦有竹枝词写游望江楼的状况："沿河多少丽人行，姊妹相随看放生。共道今朝天气好，不寒不热半阴晴。"

九月初九，游望江楼（登高），或城内之鼓楼蒸酒。有首竹枝词写道："九日登高载酒游，莫辞沉醉菊花秋。闹寻药市穿芳婧，多卖茱萸插满头。"

这些习俗今大都已不存。这跟城市的变化也有极大的关系，如丁公祠、东岳庙、雷神祠早已没了踪迹。此外，随着城市文化的变化，成都的游乐变得更加日常化，也就少有在特定的日子举行游乐活动了。

良辰美景里

游乐在今天依然是成都人日常生活中常有的事。而其内容与过去相比，更加的家常。三五好友相聚在一起，喝喝茶，聊聊天，再一起吃下饭，就有了游乐的趣味。此外，成都还有这样那样的节日一百多个，如樱花节、羊肉节、非遗文化节等等，不一而足。这样密度的节日出现，说明成都人对游乐的兴趣不减。

作为娱乐方式的一种，游乐所带来的犹如吃"苍蝇馆子"般的快感，却同样在精神上能够达到相应的高度，但在游乐节目上或许更加现代。春天里，我的朋友"子夜的昙"感叹："成都人太好耍了。从我家出来十多分钟车程，便是白鹭湾湿地，很大很大的一片湿地公园，但人太多了，便去了旁边不知道叫什么的地方，有一条不知道尽头在哪里的自行车道，很多野餐的人，四轮车、滑翔伞竟然都是耍家自带的。离我家这么近，我白做了这么久的成都人呀！"

这只是成都人周末的一景，实则是在农家乐、公园、绿地等地方，成都人都可随意找到游乐的可能。这与其说是游乐的地方众多，倒不如说是成都人爱游乐成瘾，对大多数人来说，每一天的生活，都是良辰美景，岂容轻易浪费。

诗人曾说："爱生活，才能发现生活的乐趣。"成都人在游乐里找到的又是什么？单就娱乐而言，其花样似乎算不上特多，但通过娱乐联络的不只是人与人之间的情感，也还包括了对世界的共同认知：最好的时光，总是与游乐在一起。

在戏园里听戏喝茶

前段时间，跟江潮老先生、唐劳绮老师一起去悦来茶园喝茶听戏，不亦快哉。我把这发到博客上，就引起朋友的围观："闲得无聊才去听川剧，现在还有川剧吗？"这问题当然不是问题，毕竟戏园在，听戏的人在，自然还有戏在唱嘛。

说起川剧，早在唐代就有"蜀戏冠天下"之说。这只能说蜀戏由来已久，《成都通览》记有戏园。光绪以前并无戏园，光绪三十二年（1906 年），吴碧澄创立于会府北街之可园，成都人故好观剧，故官许之，入览者甚众。这应该是近代戏园的发展之始了。这时，成都及周边，有数十个川戏班在会馆和坝坝演出，每年约有 350 个剧团在上演，可谓空前的繁荣。

这可园是当时成都四大花园之一，后来改建为戏园，这是仿苏杭剧场修建的。可园不但可听川剧，且从上海聘来纯女性的京班，俗称"髦儿班"。此为成都专演京剧的第二个舞台。《巴蜀梨园掌故》记载，吴碧澄，郫县人，其人酷爱艺术，喜好苏州评弹、西洋音乐和川剧艺术，家资富有。而可园是在其住所侧边的空地上修建的戏园。《芙蓉旧梦》载，可园又名咏霓茶舍。士绅吴碧澄组织剧团"文化班"，将自己的私人花园——可园改为上演川戏的戏园，售票卖座，并在园内附设大餐馆供客饮宴。周善培也曾亲自到这里购票看戏，看的是他的老师赵熙创作的剧本《情探》。

清末志书上说，"成都妇女有一种特别嗜好，好看戏者十分之九"。在可园听戏，每座五角。原有女座，因风气未开，也就禁绝女座。那时，"除了唱堂戏，妇女们得隔着竹帘看"。

1907年，成都"戏曲改良公会"在周孝怀的倡导下，在华兴正街老郎庙（后改建为悦来茶园）成立。周任主办兼总管。该会以"改良戏曲，辅助教育"为宗旨，引导劝勉戏班、戏园和伶人清除淫靡怪诞的演唱，"以正风俗"。

20世纪初，著名的悦来茶园、可园楼上才设专门的女宾席供妇女看戏，恰成了成都戏园里的一景。冯家吉《锦城竹枝词》说："梨园全部隶茶园，戏目天天列市垣。卖座价钱分几等，女宾到处最销魂。"又有竹枝词这样写到成都的戏园：

蛋青衫子叠香罗，纨扇轻摇气度和。
左右玉人频上座，不知宿债累如何？

高楼听戏势偏豪，斑指烟瓶手惯操。
眼镜带来称玳瑁，看他俱是假风骚。

京靴薄底尚时新，镶滚衣裳稳称身。

翡翠手串兼手表，带来原为意中人。

　　"悦来茶园"即今之"锦江剧场"，兴建于光绪三十四年（1908 年）。刘钟灵《京剧在成都》说，经悦来巷入"园"，是一个地道的"酒好不怕巷子深"的剧场（现正门已改在正街）。1905 年，劝业道周孝怀为实现他的"娟、厂、唱、场"的建设计划，在开辟"劝业场"（今总府路的商业场）的同时，兴办了"戏剧茶园"，于是将原来的"老郎庙"拆迁到猫猫巷，由悦来公司筹建"茶园"。该园系木质结构，圆形屋顶，下设开合两用窗户，光、亮、通风、关音，十分考究。戏台宽大，台口有大圆柱二根，柱间横置铁杠，供武打演员翻挂表演精湛技艺。台中两侧设"出将""入相"的上下场门，挂上绣花门帘，气派十足。观众座次分堂座、楼座，男女不得混杂。初时女楼座还挂竹帘，叫"垂帘看戏"，笔者小时随母就是这样看戏。以后改为楼包厢，堂座中也撤去方桌长凳，改置木椅，椅背加长条木板放置茶具什物，是为堂厢。楼下左、中、右设普通座，并以铁丝网阻拦防止混入堂厢。这个园地在清末算是一个颇具规模的演出场所。

　　在悦来茶园听戏，男宾从华兴街入，坐堂厢，女宾由梓潼桥入，坐楼厢。这也是那时看戏的一大特色吧。当时的悦来茶园还有两项服务：打洗脸帕一张，以收取小费；再就是夏天热，人多，就人拉风扇，这样观众看戏也就舒服了。《巴蜀梨园掌故》

说，茶园看戏，全方位服务，符合当时观众散淡的个性，符合成都市民注重休闲、无拘无束、品味人生的生活态度。

此后的成都又有新的戏园兴建，一是人民公园里新建"万春茶园"，不时上演京、川戏，给人带来精神文化享受。另一戏曲茶园是古城之东的"群仙茶园"，位居商业繁荣的中心，紧傍商业场、昌福馆之侧，互为呼应，十分热闹，茶房酒肆林立，乃黄金口岸。此园非京剧独有，仍由川剧领先，次之即为话剧（当时称文明戏）与杂技上演，票房收入均丰。

李劼人在小说里也涉及到戏园。如《死水微澜》中住城郊的顾天成看到少城公园门外挂牌"万春茶园"，大呼："成都省又多了一个戏园子，连悦来茶园、可园一共算来，有三个园子啦，真热闹！"又，"悦来戏院一开，更不成话，看戏也要叫人出钱，听说正座五角，副座三角。我倒不去，要看哩，我不会在各会馆看神戏吗？并且男女不分的（实际上是分开的，女的在楼上）。"可见当时的戏园的改变，也还是引起一些反响的。《大波》里，在中学生眼里，听戏似乎也是家常便饭："可园的京班，只有那几个角色，也听厌了。倒是悦来茶园三庆会的川班，老角色也多，新角色也好，杨素兰的大劈棺，刘文玉、周名超的柴市节，李翠香的三巧挂画，邓少怀、康子林的放裳，蒋润堂的飞龙寺，还有游泽芳的痴儿配，小群芳的花仙剑，这才是高尚娱乐啊，好不安逸！"

在戏园听戏喝茶，俨然是老成都人的生活方式之一。不过，

　　茶园里除了听戏，还有书场。《成都城坊古迹考》说，书场"皆附设于茶舍之内，其中以'芙蓉亭'茶舍最为著名。该亭开业于光绪十八年（1892），不久即有夜场曲艺演出。一般书场均表演各种曲艺，如扬琴、清音、评书等"。

　　小说《大波》里，林小胖子描述了一天的娱乐生活："我们每人只出两角半钱，这比戏园副座的票价还少半角钱。我们先去劝业场吃碗茶，可以看很多女人，地方热闹，当然比少城公园好。然后到新玉沙街清音灯影戏园听几折李少文、贾培之唱的好戏，锣鼓敲打得不厉害，座场又宽敞，可以不担心耳朵。然后再回到锦江桥广兴隆消个夜，酒菜面三开，又可醉饱，又不会吃坏肚子。每人两角半，算起来有多没少，岂不把你们所说的几项要头全部包括了？"这样的精打细算，也是成都人的耍法。

　　1936年9月16日，位于春熙路北段新街后巷子的三益公戏院开业。该剧院1935年由吴毅侯、徐子昌、萧树人合资兴建，起名"三益公"。戏院分剧场、茶园、浴室、理发所、中西餐室、国货商店等部门，是当时成都设施最齐备的娱乐场所。这掀开了成都戏园的新篇。此后，成都戏园风起云涌，随着抗战的来临，辉煌难以再现了。

当铺里的事

有段时间，看《第八号当铺》，觉得当铺里的故事真多。不过，这当铺是随着城市的发展而出现的行业，在乡村里却绝少有存在的可能。杜甫曾有诗说："朝回日日典春衣，每日江头尽醉归。酒债寻常行处有，人生七十古来稀。穿花蛱蝶深深见，点水蜻蜓款款飞。传语风光共流转，暂时相赏莫相违。"这里的"典春衣"是长安的事，想来在成都的当铺与此相类。

《成都通览》载有《成都之当铺》，其中，银利每月三分，钱利每月三分，唯从冬月初一至腊月三十，钱利减为二分。这些当铺地址如下，可见当年的当铺规模：

济昌当（布后街）新生当（北门大街）谦益当（义学巷）惠远当（草市街）恒茂当（东门内）清贻当（打铜街）恒昌当（东门外）新盛当（代书街）德裕当（东门外黄伞巷）致和当（西门外）余庆当（毗廲巷）庆顺当（骡马市）利贞当（前卫街）益亨当（羊市街）益泰当（老古巷）积庆当（沟头巷）清周当（东丁

字街）德益当（双桂堂街）恒裕当（南门内）公益当（九龙巷）义兴当（南门外）庆余当（西玉龙）福元当（江西街）庆聚当（唐子街）广誉当（东门二巷子）益丰当（打金街）泰和当（华兴街）恒隆当（桂王桥南街）悦和当（七家巷）积英当（玉沙街）恒发当（老关庙）积芳当（鼓楼北街）

近代以来成都的当铺是在明末清初以后逐步恢复起来的。唐昌《成都的当铺》说："成都当铺的陈设布置款式，跟一般商店完全两样。它既无陈放商品的窗橱，也看不见琳琅满目的货架。赫赫两扇大门，包着铁皮，并密密麻麻钉满铁钉，阴森可怖，俨然监狱。跨进大门，柜台高过人头，台上装设木栏，留有方孔，其形状与如今影院售票处相似，招牌大小只有一市尺多，为长方形，上书一个'当'字或'质'字。短招牌、铁门槛、高柜台，是成都当铺的三大特色。"

《成都城坊古迹考》记载，1950 年代末，时年 80 余岁的陕西籍老人刘海泉（曾做当铺管事多年）说：清乾隆时为便利川西农贸的经营，始有当铺 48 家，计省城 33 家，其余分设成都附属各县者共 15 家。初期大多由陕西商人经营，事先须报请户部批准，方可开业。最初是贷款与农民，以农具作抵押品，后来则扩展到生活日用品。除成都及府属 16 县城有当铺外，各较大乡镇也分设有代当店，先给当主开临时小票，俟货物送入城后，再换正式当票。

每年由行业公推一代表向藩库借款作为资金，年息四厘。亦有将公、私款存入当铺生息者，故当铺又是变相的"储蓄所"。似这样的做法如今少有了，是因为小型的当铺已被典当行或投资担保公司所取代的缘故吧。在电视剧里，当缺钱时，人们便会拿金银珠宝、手表等去典当行换钱，现在这也几乎绝迹了。当下的典当行则将金银首饰、电视和手表等旧的三大件变成了以汽车、房屋、土地使用权为主的新三大件。

当铺也并不是谁都愿意进的，或者说到当铺去大都是解生活燃眉之急。戴文鼎《成都典当业今昔》说，常来光顾当铺的是这三种人：一是破落户子弟，他们是豪门巨富之后，祖辈都是有钱人，由于长期游手好闲，依靠家产度日；二是公教人员，旧社会的低级公务员和教职员工，薪资微薄，勉强糊口，生计本已艰难，如或食指稍繁，偶因疾病事故，手上顿感拮据，尤其上世纪40年代物价激涨，经常朝不保夕；三是小手工业业主和小店主，旧社会的小手工业业主和经营小商店的店主，因资金有限，加上受舶来品的冲击，产品滞销，资金周转时有困难，特别是在每月月中、尾的"关期"时，得先备足"头寸"（应付价款），在这种情况下，他们只好把商品和原材料拿到当铺抵押，待资金宽裕时又去取回。

大多数当铺是验货估价，常常是将价格压低，这也是赚取利润的一部分。值得一说的是，当票特色鲜明。当票，是当铺收到当主抵押品的信证，当期满后，凭当票赎回原物。当票类似"收据"，内容包括物品名称、成色、当价、利息、当期等，但它独具特色的是当铺管事都会写一手专用于当票的草书，与中医老师开处方的字相仿，一般不易辨认，只有内行，才能看懂。之所以这样做，在业外人士看来是方便榨取钱财，岂知这是辨别当票真伪的一种方式。

当票一般是半年有效，过期就成了死当。倘若当主不能在期限内赎回，其所有权归当铺所有了。死当期限有订为1个月、2个月、3个月的，最多不超过半年，其期限由当主自己认定。死当前如无力赎取，还可将当票出售。过期的当票则分文不值了。死当的东西，成都市的当铺都拿在会府（今忠烈祠西街）出售。这地方后来就成了荒市，另一处则在南门的纯化街。

《成都的当铺》里说，据说民国二十一二年间，成都一家当铺，期满死当一串珍珠项链，缀有翡翠牌子。这串项链，珍珠光彩夺目，翡翠牌子上雕镂着凤尾森森的几竿新竹，玲珑剔透，当价位三百元，后来拍卖，北京货客单买项链上的翡翠牌子，就出价七百元硬洋。在《成都城坊古迹考》里则是另一个版本：清代有致仕官吏许葛辅以珍珠手串售与成都荒市刘姓商人，获利8000元，刘又以3万元价转卖于北京商。京商复以12万元转售与上海洋商。后者又以20万元价转卖与天津洋商，津商复再以80万元售与上海另一洋商，最后以120万元价至美国。这龙门阵摆得很夸张，不过是说在当铺行业里还有"漏"可以捡罢了。

不过，随着革命的需要，当铺作为一种剥削行当，也就没有存在的价值。1949年以后，原成都市西城区华茂金属丝网公司率先创建全国第一家"当铺"——华茂典当服务商行。1987年12月23日，商行领到营业执照。全国60多家新闻单位先后作了报道，也向海外播发了消息。12月30日，成都华茂典当服务商行在西御街正式开业，市、区领导在鞭炮声中为商行剪彩。这以后，当铺在我们的日常生活里继续出现；至于其中的传奇故事，也就少有人记载了。

成都鳞爪录

一

　　"反右"运动中，流沙河先生被打成右派，在自传里他说，起初发配到图书馆，再转到地方上劳动，以书为伍，读诗经、庄子等充饥，记下笔记若干。这些记录在晚年发挥作用，他相继写出《诗经现场》《庄子现代版》等作品。

　　严丁先生回忆幼时在大慈寺对面扯兔草，养兔子，顺带偷点红苕，某天被人追赶。多年以后才知道，原来那人就是沙河先生。他在荒地上种菜栽红苕以度灾年。严丁先生也颇为传奇，幼时读书有限，荒唐年月，无书可读，苦学外语，后工作亦艰苦非常，做外贸，远赴德国创业，好在终于成为一名成功商人。退休之后撰《穷者思变》。这才是成都人的精神。

二

　　诗人众多的成都堪称"诗歌首都"，各流派、圈层交织，却少有通吃者。既有官方民间之分，也有爱好之分。好在均能相安无事。在成都，无诗歌领袖，这也是一大特色。举凡诗人众多，李龙炳说，几个月不见，又发现了新诗人。诚非虚言。记得成都有三轮诗人、打工诗人，也有人宣称是世界诗王，好玩。

因与诗人接触，也得以一窥其中的堂奥。诗歌聚会，每年亦有好多起，龙泉驿的中国乡村诗歌节、芳邻旧事诗歌节、白夜诗会是长期举办，零星的活动多种。这也是诗歌繁荣的现象之一。至于诗歌研讨会，大多是扎场子者居多，诗的好坏与聚会无关。

三

昔年曾在东光小区居住。房东嗜酒，常是从早喝到晚，且时不时约朋友聚会，四五个人在家喝酒，做几道小菜，饮食简单，喝得快乐，下午则去自家的茶铺坐坐，悠闲度日。我未曾去茶铺转转，听其平时介绍，生意应该一般。养一犬，每次吃饭，在桌前跑来跑去，有次让其尝下白酒，自此，闻见酒味就跑开，大家以此为乐。那段时间，偶尔也参与喝酒，酒是江津老白干，在坛里泡酒，枸杞、蛇之类的少不了，喝酒，似从不厌倦。房东家为三居室，两间拿出来出租，月入四五百元，日子清淡。

后搬家，再无来往，也是多年没有去那里看看了。他摆起巴蜀笑星李伯清的龙门阵，旧人旧事下酒，也是一道风景。

四

近读《成都通览》，其中记述笔类有鸡毫、兔毛、羊毫等，

多在学道街及纸店出售。街上夜间有一种人过路，拂人衣袖，问老爷买笔否？如应之曰买，则于灯下出示定价，故意作为系窃来者之状，价虽廉而笔多不能用。又有一种笔贩，提包袱沿街走售者，土笔、湖笔及徽墨均有。

时下也有一些人在酒店门口或路边，买茶叶、手机等物件，其行状与卖笔者无异。穿越时空，这也是一种传承。只是卖的东西有差异罢。因之，不懂此行规矩者，难免上当受骗。

五

成都人爱放风筝，车辐先生说习惯上在大年后第二天。民国初年在花会上就有风筝比赛，当时的竹枝词里说："青羊宫接二仙庵，花满芳塍水满潭（百花潭）。一路纸鸢飞不断，年年赛会在城南。"

至今在成都市区郊区也时常见放风筝者，哪怕一小块空地，就有人放风筝。这是情趣，也是人与天空对接的一种方式："一叶风筝忽上升，轻浮竟遇好风乘。任他高入青云路，牵引无非伏定绳。"

六

成都彩票最早发行于光绪三十一年（1905年）冬天。《成都通览》说，"川人争相购买，以贫而得大彩立刻成富翁者，无期不有。原名彩票公司，去年改为票捐局。每次开彩，毫无弊窦，故川省之彩票得以销行无滞。"可见当时的盛况。

不少人都期望"立刻成富翁",因此彩票今天依然流行。前些年,也有卖场流行刮奖,每票两元,奖品多实用之物如肥皂、洗衣粉之类,鲜有大奖出现,不过娱乐而已。

七

作家汪曾祺在"文革"后游成都:"柳眠花重雨纷纷,劫后成都似旧时。惟有皇城今不见,刘张霸业使人思!"说来,也是三四月的天气。成都景物与昔时相比,哪里只是"皇城今不见"呢。

如今成都的城市口号变为"成功之都"。久而思之,不免汗颜,自己没有成为成功人士,拖了成都的后腿。但想想,城市口号不管如何变,只要日子过得舒适,也就不必在乎了吧。

八

去高新区参加一个活动,坐公交车出行,还好,有一个位置可以坐,得以边坐车边打瞌睡。去的时间比活动时间早了两个小时,想着无论如何,都不会迟到的吧,但赶到天府软件园,还是迟到了十多分钟。

成都堵车这几年越来越厉害。每天早上,坐在阳台上看三环路上的车辆缓慢行走,在这样的环境中上班,可真够恼火的。幸好,幸好没去上班,要不,也是这大潮中的一员了。

　　不过，出门坐车还总是遇到堵的状况。有网友说，以前成都是早中晚堵车，现在是从早到晚都在堵车。好像不堵车，都无法显示出成都在发展似的。

　　原来，以为住在城里方便，但在今天，出城也是麻烦事。进城，也不是多痛快的事。原本是可以坐在公交车上旅行，现在则是不可能的了。在路上堵上半个小时，那就大大降低了旅行的乐趣了。

　　也许这样的状态还会持续一段时间，但不知几时会结束。原来城区堵车堵得厉害，现在连三环也堵了。据说，有时候连绕城高速也会堵车。把自行车又收拾了出来，在堵车的情况下，或许自行车能快速抵达目的地，何况这比堵在路上好多了。

　　城市半径在扩大，却不能把美好留下，也许这正是许多城市的病症之一。高楼大厦、立交桥、隧道……这些空间的构成，是不是让城市更有美感一些，也是一个疑问。

　　有时候，我们对城市的某一种热爱，正是地方发展可以利用的。那么，对成都而言，这种热爱是不是也会有下降的可能呢？

陈友琴成都游记

一

民国年间，来成都旅行的人不少。1934年，陈友琴以中央通讯社特派员的身份参加川康考察团。2月9日，过龙泉驿即一片平原，再至沙河堡，又停车观所谓的放生池。下午四时半抵牛市口。刘甫澄督办派数人来迎接。随后就入城，在将军街招待处下榻，傍晚至少城公园浴室就浴。成都给陈友琴留下的第一印象是，成都之景象与北平相仿佛，尤以吾人所住之将军街一带绝类北平之胡同。

在成都的十多天时间里，考察团还去了都江堰。返回成都时，路过郫县，顺便游了望丛祠。陈友琴在成都期间，记有三间餐馆：

一次是2月10日上午，会见成都报界，在少城公园内的桃花源吃饭。这是一家极为家常的饭馆。

晚上在聚丰园吃饭。陈友琴说，系"何北衡、陶绥、宣青、成烈、李仲赝、刘人杰诸先生之东道"。何北衡时任川江航务处处长，余者想来也是工商业人士。"聚丰园烧鸭著名，成都味甲天下，大小各馆，均有特长，嗜于味者固有口皆碑也。"

再就是在姑姑筵就餐，这次记录甚详，不妨照录如下：

姑姑筵之主任黄敬临翁，年六十二，曾于清朝时代供奉于大内，精烹饪，调味之美，古易牙恐不能过。此次刘督办特宴吾人于姑姑筵，见翁所撰白话联云："可怜我六十年读书，还是当厨子；做得来二十二省味道，也要些功夫。"又，"做些鱼翅燕窝，欢迎各位老爷太太；落点残汤剩饭，养活我们大人娃娃。"诗意中至有风趣。翁喜抄书，家藏万卷，多精本，手自抄之，每日十页或五页，不间。今所抄成者，已盈满架衣。予见其工楷细书之《通鉴》抄本，叹为足以与四库抄本媲美。刘督办赠以诗云："久耳佳肴说静宁（翁之字），果然一饱两情深。长才治国烹鲜手，新妇尝美试味心。怀抱已饥惭饭颗，招邀朋飨契苔岑。相期灭寇来朝食，痛饮黄龙共酌斟。"翁为人办一席，必三数日前预约，不合意之人，每重金不能得其一菜也。全家男妇均善烹饪，室宇布置雅洁，牙签万轴。手自揣摩，杯箸营生，以终余岁。其子别张一帜，铺名"不醉勿归小酒家"，七字长名，他埠不多有，而成都竟自此竞相仿效，风行一时，盖蓉人优游迟缓，好整以暇之表现也。

陈友琴对成都的餐饮、风俗判断，可以说是有独到之处。

二

到了一个地方，不能不去一些有代表性的地方参观。此行考察团也不例外，其安排如下：10 日下午，考察团拜访了人民公园里的民众教育馆。11 日午后 1 时，驱车赴西门，游白塔寺、望江楼。12 日，"遍唔四川军政当局各要人，忙于酬酢，未事游观"。14 日，游武侯祠，下午，沿着城墙根到新西门外的二仙庵与青羊宫，随便逛了杜甫草堂。但由于行程安排，昭觉寺、文殊院诸名寺院，也就没去看了。

在成都期间，除了各处游览之外，也对成都的市井人情做了考察。如在聚丰园吃饭那晚，"是夜游城内各街衢，以春熙路一段最繁盛，商业场昌福馆东大街之商务次之，其余多矮铺平房，破旧不堪。入夜七八时，相率关门大吉，路少行人，且灯光暗淡异常，车辆既不载客，餐馆亦复以闭门羹饷人，此内地都市之景象也。"

在陈友琴看来，"成都本非商业中心，最适宜于住家，一种悠闲恬静之趣，甚非重庆所及。"又，"少城一带，昔为满旗民住区，胡同极多，门巷里多莳花木，幽蒨宜人，第宅构造，尤与北平相似。"

考察团在成都的时候，刚好遇到过年，陈友琴欣然写首七律：

> 成都风物似燕京，腊鼓声中住少城。
> 闲散人家花木茂，幽恬灯火市廛平。

五更号角喧兵气，一片啼乌唤晓声。

酒压征尘惊隔岁，蜀山吴水不胜情。

在武侯祠，"庭前茶座食铺，顾客甚多"。在从青羊宫去草堂寺的路上，"沿途游人如鲫，汽车、人力车往来熙攘，又有所谓鸡公车者，系土法手推车。上置一椅或草垫，推一人行，极为有趣，盖纯粹中国式之交通工具也"。

每年二月，成都都会举行花会。"今年刘督办将利用此时开博览会以提倡实业，现正征集材料中。"未曾游览这真是遗憾的事。

在离开成都时，陈友琴买了蜀锦，"以作此行之纪念"。在他看来，"营业未能大昌于世，以与舶来品争，花色质料亦渐不如古，乃更闻蜀锦中，尚有不免掺杂人造丝者，是大可痛心也"。

考察团在此行中亦考察了四川之山货、药材、生丝等情况。这些视角不管如何，都给我们提供了新的思考。

三

在成都期间，陈友琴一行还参观了成都的学校。一是在 13 日参观华西协合大学。无疑，这所大学给陈友琴留下的印象极为深刻："校址之宽宏，设备之周密，较清华、燕京，有过之而无不及。"在参观的过程中，校长张凌高和学校创办人毕启一同招待，观看了天文、算学、物理、化学各教室。"关于动植物之标本制作室研究所，尤为美备。"此外，"该研究室陈列各色蝴蝶。有四千余只，形态颜色之奇丽美巧，虽举世之美女艳装，亦不能及其万一，此种尤物，非人造所可企及。尚有作黄树叶形者，望之竟不能辨其为叶抑为蝶也。该校最杰出者，实推博物馆，有天然、医学、历史、文物等，另有边藏文化博物馆，搜罗红黄教之仪式，曾请班禅亲为陈列，令人如亲见藏族人之生活。"

华西协合大学的图书馆也有特别之处，中文图书达7万余册，西书2万余册。参观者想必看一路感叹一路。这一天，大家在张校长宅内午餐，又在女生宿舍内开茶话会，"垂暮始归"。

在离开成都之前，考察团也去了四川大学。"该校常年经费六十万元，实际领到者不足五十万，闻川省税收超过二万万以上，用之于教育者，仅千分之一耳。"陈友琴感叹"学校精神所不能奋发，经济影响，实最大原因之一也"。在这里，他见到了理学院院长周太玄和法学院院长吴君毅。

四川大学很显然没有让陈友琴觉得有华西协合大学有惊喜。他在文章中说："周君之意，以为办教育须重实际，不在表面上做功夫，北平燕京与清华二大学，都嫌太过富丽，近于浪费，其言亦实有见地。"不过，这作为一家之言，可见当时的大学风貌。

陈友琴在成都的考察，大致可以看出民国时期的成都，也还是去今天不远的风景，却似难以寻觅得了。

卷五　闲时

一些闲时，才是好玩的生活美学。

流动生活的美学

在成都，喝茶不仅是一种生活方式，也是一种生活主义。但不管怎么说，成都人喝茶，早几年是以本地产的毛峰居多，这毛峰又分花毛峰、素毛峰两类。但时下的成都茶馆，最主要的茶还是以本地产的茶为主打，普洱茶、铁观音、西湖龙井……诸如此类的名茶也会有，但相对而言，这都是少数的，也许更多的原因在于成都人喝茶本来不是冲着名气去的，即便是一盏普普通通的茶，也能喝出不同滋味来。

青城山有茶，邛崃的花楸茶，蒙顶山有茶，峨眉山的竹叶青更是名扬天下。不过，即便是像苦丁茶、大麦茶，也都是普通的茶类，在川西地区，还有花花草草做成的茶，但对不同的茶客来说，茶的精致不精致，并不是最重要的，重要的是跟谁在一起喝茶，享受那氛围。一杯竹叶青或一杯花茶，区别并不是很大。

坦率地说，成都人压根儿不是通过喝茶这一行为想表达多高深的哲学，而是对这种流动生活的美学有一种彻悟。名不见经传的茶，在成都人的眼里，地位之高，范围之广，是外地人无法比拟的。这更得益于成都的茶内涵丰富。虽然各地都有不同的茶出现，口味也有较大的差异，而这差异正适应了成都人的日常生活需求。在这流动的生活中，其波澜，其壮观，简直是一场场盛宴，既有精神的寄托，也有想象的空间。在那个天地里，茶所代表的正是一种生活习惯。

隔三岔五，跟友朋在茶馆欢聚的场景现在回想起来依然历历在目，在宁静致远之余，创造闲适的人生，也因此，喝茶成为一道风景。

最近一两年，成都人更愿意说的是新花茶主义。花茶的香型特点，也反映出川人审美特征：普遍要求香感要高、香味要长而又不落俗套，闻其味入其喉要芳馨暗含而又有不急不缓的特点！"不急"是花香不能快速覆盖茶叶自身的润性和大自然的气息；"不缓"是花香茶味劲厚而不淡白，茶味的涩香、花味的清香与水味的甜香互为补充、味道悠长。"三花时代""花毛峰时代""碧潭飘雪时代"，及至今天的新花茶主义，看上去更像是川茶的蝉变，其实是成都人对茶的认识在发生微妙的变化罢了。

这新花茶主义在多元化的精神消费社会中，犹如在巴黎的 T型台上惊艳的中国刺绣、玛勃洛艺术画廊中在国画水墨风韵、普契尼歌剧里《茉莉花》的旋律……让花一样璀璨的生活，融入到新的时尚品饮艺术中，或许是又一风标。但在喝茶之余，这艺术之境界在成都人眼里这元素似乎有点夸张，也让外地人惊艳，原来茶的诠释也可以如此日常。

诚然，茶的美是一种淡泊之美，也是茶的精神所在，与今人的淡泊志趣互为表里。不过，这淡泊志趣时常被物欲所掩盖，唯有在饮茶的空档，呈现出了茶的美。

在某种程度上，可以说成都的茶和水滋养着成都人的生活。泡在茶馆，让茶香四溢，茶成为最好的介质，亦能带来精神的愉悦，更在于画中有画的艺术效果，有诗的意境，也包含了时尚潮流的创意设计，而这是否能解释为成都诗人众多的缘由呢？但不管怎样，成都人在这茶中所留下的期待和愿望，都带有了一种传统与现代的结合，因之，通过茶，涤荡香韵，得浅尝之美，享品茗之风华，也使成都人在某种程度上有了贵族化的倾向。这一种风格，正是美的动感常驻日常生活的吧。

"都市禅林" 大慈寺

　　大慈寺是在大慈寺路上，又或通称的蜀都大道的东侧，可以说是一座名副其实的"都市禅林"。虽然曾经是成都历史上最为宏大的佛教寺院，也是唐代全国最大的佛教寺院，如今所存，已十分不及其一，令人扼腕叹息。其极盛时期占地千亩，96院、8500间房舍，修学僧人两万余人，被时人描述为"宏阔壮丽、千拱万栋"。作家冉云飞在2011年曾为它写了一部《古蜀之肺：大慈寺传》。

　　作家肖平曾供职于成都市博物馆，他从1987年大学毕业开始，就住进了大慈寺中的一个小院落。他曾在《大慈寺灵魂书》中写道："我也常常坐在大慈寺寂静而日益破旧的院落中，冷眼看着近旁的高楼一座座耸立起来，高大的起吊机伸出长长的手臂，挥来舞去忙活着。城市建设需要有现代化的设施和新人文景观，但同时城市也需要真正的古迹来铭刻它的历史，连接人类的情感，复原将被淡忘的旧梦……15年过去以后，我感到自己的身心已经跟大慈寺融为一体。同时我也能体会当初大慈寺'敕建'的初衷，我甚至认为大慈寺在成都出现是必然的。"有意思的是，他在成都市博物馆的那段时间，许多朋友到大慈寺去喝茶聊天，可以不买票的，只要报上肖平的大名就可以心安理得地去逃票了。

有一段时间，我工作的地方距离大慈寺很近，就经常去那里喝茶聊天，甚至斗地主也无不可，特别是一个人没事的下午，可以拿一册书，坐在幽静的大慈寺喝茶，是件很爽的事情。这时，周围喧闹的打麻将、说话的声音，仿佛和自己不相干似的出现，是令外地人想不到的。话说今天的大慈寺又是成都的文化地标之一，当地文化名流、故老耆旧，每于其间聚会，高谈天，低说地，朋友胶漆，兴会淋漓，有金谷俊游、竹下清谈之盛。（宋石男语）

早在1993年2月15日，成都许多认识和不认识的文朋诗友在大慈寺庭院茶桌围成一个大圈子，谈文学、谈作品，热气腾腾。而这个每月十五文学沙龙至今还在活动，只是跟大慈寺关系不是很大了。不过，更为人知的或许是这每周星期二上午的大慈寺聚会。参加聚会的人不一而足，有作家，有文化人，也有收藏家，亦有外地访客，把大慈寺茶馆当成了家，谈笑往来，不亦快哉，藏书家彭雄有《茶馆问学记》，多达211次的记录。而这一种交流方式也是成都市井文化的使然，大家有话就说，不必拘谨。也正因这样，大慈寺带给人的宗教感总不及于这种文化交流。

十多年前，冉云飞写作《从历史的偏旁进入成都》一书，就曾以一节"一个名叫大慈寺的地方",来惊叹大慈寺千多年来能将信仰和世俗味道水乳交融在一起的特殊魅力。而这一种魅力有与商业社会和世俗生活共存的道理,作为"都市禅林"去除了高高在上的姿态,还原了它作为交流、沟通的场所,带给人的自然是喜乐。这样的一种状态正如人们时常泡在茶馆里,不妨顺便去看看寺庙的道理一样,原本它应该是家常的。

现在大慈寺的旁边就是最时尚的太古里,时尚与禅院如此紧密地交织在一起,构成都市里最奇特的一景。这也是特好玩的事——至少我们看到修行却是如此的简捷和便利。

在黄瓦街上看银杏

晴好的下午，约三两个人跑到黄瓦街去喝茶，坐在街沿边，看人来人往，因为街小，难得看到汽车往来，安静，而又独享那一份自在。在街上有几棵银杏树——虽然在成都的街上到处都可以看到，但这里的几棵长得很有点特色，居然有男有女，很多人是在这里才学得了这知识，可能也未必是正确的。

在历史上，据说，黄瓦街曾十分显赫。清代称松柏胡同，后因满清两位侯爷家道破败，家人愤世嫉俗，竟以建庙宇用的红砖砌墙，黄瓦（琉璃瓦）盖顶，蔚为奇观。民国后，故取"黄瓦街"命名。而到了上世纪40年代中叶，成都有名的"励志社"位于商业街。那里是接待美国盟友空军人员的招待住所，因此长顺街与东城根街不时能看见飞驶而过的美式吉普车。这等龙门阵是老成都人才摆得出来的。

这黄瓦街是连接长顺街与东城根街的街道，当时，整条街有40多个独院，清雅幽静，类似于北京的胡同，是居家的好地方。周围有众多成都名小吃，由于吃食方便，环境优美，交通便利，一些官绅都在此择业而居，市井商贾云集。想起来，大致跟今天的美食一条街有点类似了。

不过，今天在黄瓦街还独存一家馆子，名叫"闻香的四合院"，去吃的人多，更多的是感受成都风情吧。

有一回，台湾作家张典婉来成都，要去体验茶馆，就带她来这里，喝茶一两个小时，就不断有叫卖小吃或卖水果的小贩路过，随时都在吆喝，"这种声音做成录像资料，以后可能就是很有价值的史料了"。她这样说，在台北也很少会遇见这样的境况。在安静中又能看出成都的风情，也不失一个好去处，这不免让人想起清末的成都诗人林思进写的诗来："柳从黄瓦街头发，花向红墙巷口看。"

要说在黄瓦街喝茶的历史，甚至可以追溯到民国年间，那时在黄瓦街西头通长顺街口处有一家茶铺，喝茶的人各阶层都有，是一个悠闲的去处。茶铺对面有两个大的独院，一个是冷开泰公馆，冷是成都有名的特务、袍哥。一处是余安民师长的独院。两家都喂了几条大狼狗，有时狗挣脱铁绳在街上横冲狂吠，煞是吓人，许多市民都回避，不敢声张。天长日久，看见它口含菜筐上街去买肉，也习以为常，但仍时时提心吊胆。现在的茶铺应该是历史的延续了。想想，这样喝茶的历史也有数十年的光阴，是不是令人有点历史感呢。

心烦了，到黄瓦街上去喝茶，看银杏，坐一个下午，或许能给人疗伤，这样的场所虽然不是独一无二的，却也是让人想起岁月中的浮华去掉，留下来的不就是那种安然的生活情趣吗？

散打成都笑星

马骥老师前几年出了本书叫《散打笑星：抽底火》，这散打可不是武术学上的散打，而是成都的方言，有点像单口相声，但在成都人眼里叫说"噻话"，有二不挂五之意，加之形象的方言，逗乐。这远比赵本山的小品好玩。有一年笑星们还做了一套卓别林的四川方言版，那段时间不管是坐车还是去茶馆，都能听到这样的摆龙门阵，不知道杀死了多少忧伤，给成都人民带来了无穷的欢乐。

待在成都的巴蜀笑星，像刘德一、李伯清、沈伐，这一拨老笑星活跃的时间长，粉丝多，早已成为老成都的风景线，市井生活在他们的演绎下，别有一番风味。那些搞笑的段子，现在很多都成了成都人的口头禅。而最传奇的是那些散打评书，让市民听得很嗨。但因为种种原因，只能在成都流传，很难为外地人接受，偶然上一下央视，也是不得了的事。也因为他们没有像赵本山那样，在全国享有知名度，但正因为这样，散打才保持了原汁原味，那笑点，虽然只有成都人才懂的，这又有什么妨碍呢。

1994年，已经47岁的李伯清突然爆红，全在于他革新了传统的照本宣科说书方式，变为"散打"。李伯清把本子上的古老故事结合当下现实例子来讲，一会儿摆龙门阵，一会吹牛皮，海阔天空不拘一格。那一年，"散打评书"从成都开始火了：《酒色才气》《散打第二春》《散打SRAS》《生活百态》《市井闲话》……"李伯清现象"是当年四川的一大热门话题。后来，李伯清以此行走江湖，还上了崔永元的"小崔说事"。而在上个世纪90年代，也是巴蜀笑星最为活跃的时候，笑星们不仅搞演出，连书店开业都请他们过去捧场。

　　不过，老一代的笑星渐渐地远离了舞台，像廖健、罗小刚这新一代的笑星更多地关注时下的社会热点，平台也不再局限于茶馆，电视、电影都会来一下。成都电视台也时常会搞一些方言剧出来，蛮好玩。而罗小刚在电台里的一档名为"小刚方言"的节目，在每天上班的路上，不知迷醉了多少粉丝。另外，值得一说的是，他自创"罗氏幽默"（被网友称为"川版吴宗宪"），选取社会焦点，配合各种趣闻野史，亦庄亦谐之间，言谈天下，针砭时弊。节目开播以来，深受听众们的追捧，还形成了一种叫"钢丝"（就是罗小刚的粉丝团）的群体。

　　巴蜀笑星在成都提供了许多笑点，即便是像卓文君与司马相如这样的故事，也演绎得风生水起，更不要说，那些日常生活琐事，在笑星的眼里，也是蛮有生活情趣。但要说散打评书的老派与新派，在形式上差别并不是很大，只是新派更讲究技巧一

些，科幻、穿越都能穿插进来，搞得很时尚，很玄幻，更有一种科技感。

不过，有人也总结了巴蜀笑星为何走不出成都，冲不向全国，认为副业挣钱多于本职创新，这也没办法。不过，第二代巴蜀笑星一大半都有自己的文化公司，做生意挣钱占了大多数时间。自己也兼营火锅店生意的"矮冬瓜"说，"我们都满足于小富即安，现在大家都不提冲出四川的话题了。"巴蜀笑星走不走出四川，并没有多大的要紧，只要能娱乐成都一方人，管他上不上央视呢。在这一点上，成都人可能是"自私"的——有点乐子，愿意自己偷偷去享受。

漂在成都的气场里

　　成都懒得跟北上广去比较，而喜欢跟巴黎的咖啡馆文化、英伦经验，这样的比较给人有一种感觉，成都多少有些华而不实。但成都人不在乎这个，搞世界现代田园城市，看上去有些搞笑，不仅让人问，有啥子资格？

　　成都最资格的就是新移民。不过，对很多新移民来说，漂是一种状态，是身份的转变。加拿大记者道格·桑德斯曾在《落脚城市》提到了人口迁徙问题，其中就有关于四川的内容。不过，在人口迁徙的背景下，来自五湖四海的年轻人汇聚在一起，创造传奇，打拼事业，每个城市因此变得更有活力。

　　最初我来成都的时候，一到聚会的时间，说起各自的家乡，居然没有一个是在成都土生土长的。这毫不奇怪，因为大家的生存状态早已决定了他们会在某一个城市相聚，而这种新移民也注定给城市带来不同的声音和生气。他们在寻找新的机遇——如果适宜，就会留下来。在某种意义上，成都是一个处于不断移民过程的城市，从远古至今，一直不绝，特别是湖广填四川，让成都

奠定了自己的底色，休闲文化的发源也可以追溯到这里。

不过，今天的新移民更多的是感受到成都的气场。那一种能让人舒心、静气的环境，不管是安闲也好，知足常乐也罢，在成都这个平原上，成都是找出了自己的乐趣所在——而这也是新移民聚集的可能。在我待在成都近20年的经验里，也能说明这个问题。当初来成都，混个几年，还计划回到老家去修房，盖一座属于自己的院落，虽然不能跟别墅相比，也至少是一个年轻人的梦想。后来，就发现这想法有多么"不切合实际"，回去了，还能找回成都的感觉和氛围吗？

当然不太可能。尽管每个人都说自己的家乡好，如今，它多半是居留在我们的想象之中，而回到现实，可能并不是那么美好。在中国这个熟人社会里，讲究的是关系亲疏、居住氛围，至于那些宏大词语早已被日常生活剔除得干干净净——人们早已进化成趋利的动物。而在成都的新移民中，这种可能性更为确定一些。对很多人来说，就像杜甫一样早把成都当成了"故乡"，而不仅是一个异乡人，从他的诗歌中我们也能发现他对成都生活情趣的热爱。而这在今天表现得更为突出一些：漂在成都，理由可以说出千万个，但更为重要的是，在成都，大家都找到了共同语言，就连兴趣也是趋近的了。成都即使在文化上经济上无法跟北上广相比，却也在不断创造自己的奇迹，让世人眼亮。

不过，作为新移民，我们对成都虽然热爱非常，但还是觉得成都缺乏典范和示范的力量。有三圣乡可以度周末，不必远游；

有随处可见的茶馆，休闲得法；挣钱不多，却也能养家糊口；不说大富大贵，也能过得下去……过得不好不坏也是一种状态，这样的气场，让成都焕发的魅力是无穷的，以至于许多外地人第一眼看到成都，都觉得是那么迷人。

那一只熊猫

最近，读日本作家新井一二三的《我这一代东京人》，在文中介绍了大熊猫到日本的盛况：我印象最深刻的是那年（1972年）10月到东京来的一对大熊猫兰兰和康康。我跟一批同学们一起去上野动物园，隔着玻璃窗看了爱吃竹叶的中国大熊猫。当时它们在日本享有的名气非常大，大概仅次于推土机首相本人（田中角荣，因其做过推土机手，故有此雅称）。全国每个玩具店都推销布做的大熊猫，服装店则出售大熊猫花样的衣服，至于儿童用品，从笔记本到牛奶杯全都印有兰兰和康康了。相信那一代东京人都有诸如这样的印象的。

而说起我认识大熊猫，那是另一番有趣的经历了。因为老家地处北方的一个偏僻小镇，没有动物园不说，即使有点动植物的知识也来源于日常生活或图书了。第一次见到"熊猫"是在小学三四年级吧。熊当然是没有见过的，而猫几乎是每家都养一只，用来捕捉老鼠。基于这样的经验，看到熊猫，就觉得很新奇，想象一个像熊又像猫的家伙也是很有趣的，可它却是吃竹叶的。想来不免奇怪起来，那时我尚且知道不管是熊还是猫，都是肉食动物，至少不会像羊啊牛啊的只吃草。查查那部父亲刚买回来的《新华字典》，不得其解。想问一下大人，又因为好强而作罢，对于熊猫的印象却挥之不去。

直到有一天在一册图画书上看到熊猫的样子，才恍然明白，原来她就是这样的家伙。与熊或猫都有不少的差距，看上去有点笨拙，走起路来一定是不大快速的。不管怎么看，都不是自己原来想象的样子。

后来，读了中学，到了大一点的城市，接触的东西就更多了。这样那样的事物总是对年轻人充满了诱惑，因而，在学校不免出来到处游走。现在想来，那时看似没有目标的闲散，实则为以后的生活积累了不少经验。现在想来，才发现于我而言那是一笔如何宝贵的财富，而对于熊猫的了解也是越来越多了。刚巧在1990年，北京举办了第11届亚运会，吉祥物是熊猫"盼盼"，它手持亚运会奖章，活泼可爱，伸张开双臂，鼓励体育健儿创造更多的好成绩，成了中国人家喻户晓的形象。那时的报纸、电视常常会出现它的身影，实在是令人喜欢得不得了，至今仍然留有深刻的印象。令人惊喜的是，居然学到了"熊猫眼"一词。

不过，关于熊猫，还是来源于图书或电视。若说到亲眼目睹熊猫的风采还是到了成都以后。记得是刚到成都的第一个星期的周末，就与朋友跑到北门的动物园去看熊猫。因为是第一次来，公交车又不是直达动物园的，就走了不少路，好不容易才找到，一踏进动物园，就直接去看熊猫了。这次见熊猫，居然把我印象中的熊猫形象再次颠覆了。它看上去并不笨拙，跑起来动作相当利索，而坐下来吃东西时则安静得如公主一般，显示出了它的尊贵。我们站在那里观察了许久，直到肚子"咕咕"地叫起来，才想起还没有吃早餐。

　　近距离观察熊猫，着实令我生出许多感叹。自己对熊猫的认识的确很有限，有些知识看似很不错，却经不起推敲。于是，我知道，自己原来想象的那一只熊猫不过是想象的熊猫，见过现实中的它，才能认识到它确实是大众值得一看的动物，不管别人说是民众的心声，还是别的说法。我想我仍然不会忘记那只令我充满想象的熊猫的。

创意市集

作家冉云飞曾用"成都是一个出妖怪的地方"来形容成都，这里的妖怪当然不是传说中的精灵古怪的妖怪，而说的是具有创意性的人。这创意可以说是五花八门，而且"水"太深，博大精深，好要好玩的，花样百出，哪怕就是很严肃的一件事情，让成都人来做，保准也是精彩纷呈。你不得不承认，成都人的生活态度十分的端正，而且科学：把生活过得有趣一些。而这其中最突出的代表就是创意市集。

想想吧，当艺术不再以大幅画作出现在世人头上，而是化身小样精灵摆在你我身边，是件多么幸运的事。有不同的娃娃、灵巧绣衣、涂鸦帆布袋、绘布笔记本，以及新奇的帽子、精怪花娃娃、夸张壁纸、专题徽章……它们集合在一起，是否能让人心灵为之一震：原来创意也可以如此。

早在 2007 年，我的朋友、诗人于小哩就开起了自己的手工坊。刚开始只是做个包包、名片夹、衣裙之类的玩玩，没事去练练摊，好玩，有意思，一不小心就玩大了，没过一两年，就搞了

个成都创意公社。公社听上去像是上个世纪的产物，而于小哩组成的公社，几乎把成都的创意达人都汇集在一起，他们不仅自己做手工艺品，还在宽窄巷子、杜甫草堂、龙湖三千集，以及热波音乐节上都做起了创意市集。

跟外地的创意市集比，于小哩所在的创意公社更讲究的是原创，以及个性和独一无二，即便是简单的包包，也会花样翻新。而在宽窄巷子每周六的市集，一大群做创意的朋友，摆摊，还要来一盘非洲鼓，看上去热闹非凡，人气也最足，"想不到成都还有这样的地方"。而在五一的热波音乐节上，吸引的人数多达十二三万，规模也最大，不到 3 月，摊位都早已预订一空了，很多想报名参加的，也挤不进来。这样的气场和氛围，让成都的创意达人频出，只要东西做得好玩、有趣，就不愁没有顾客上门的。

若说成都是个创意达人汇集的城市，一点也不过分。像于小哩这样，平时还在上班，做手工只是业余的活路，却也能做得风生水起，令人称赞。这让我想起有一年一本叫《成都客》的杂志称成都是"只长右脑"的城市。或者说，在成都，右脑是一种生产力。外地人说成都人"闲"，说成都人"懒散"，但成都人靠"闲""懒散"把 GDP 整成西部第一，这算不算奇迹？

这也许只是笑谈，但却可以让我们一窥成都的内里。我也赞同这样的说法：成都生活之所以活色生香，幸福指数高，令外地人无比羡慕，就是成都人把创意发挥到无处不在的境地，让平凡的生活找到无限的乐趣。

　　不过，要说成都最具大牌的创意达人，可能就是电视台原主持人宁远了。她在西村还开起了自己的创意店"远远的阳光房"，并办起了手工教室，更是在 2011 年还搞起了"秋装发布会"，赚足了眼球。也许，对成都这座城市来说，没有"闲"，哪里有时间去观察、胡思妙想？

收集声音

如果走入菜市场，可能你再也无法听见吆喝声，摊贩们把吆喝录音，用喇叭反复地播放，于是各种被复制的声音交织在一起，砍价、问价尚且保留原始的声音，天南地北，夹杂着不同的方言，这种声音也耐人寻味。在一片嘈杂之中，贴近或仔细倾听，才能分辨出一二。在这样的场所收集声音，算不上多少稀奇，却有一种在场感。

叫卖，曾经随处可听到的声音，如今在诸如社区、街巷等地方听不到了。沿街叫卖水果，或贩卖丁丁糖的，边走边丁丁当当地敲打着的声音，这种景象少见了，似乎在公园里还可寻见一二。即便偶然路遇叫卖"青果"的，声音不再有穿透力，而是有一丝疲惫。即便是乡村，摊贩也少了许多，那种美好的声音也越来越少。

收集这样的市声，也渐渐地成了难题。在日常生活里，更多的是机械声音，似乎在暗示机械时代的来临，车声随处可闻，鸣笛的声音也是如此。鸟声、虫鸣，就好像是一种天籁，久不可闻了。在城市生活，有多久没有听到自然的声音了？这个问题似乎很难回答。我想起一个故事，有一次作家王蒙与贾平凹一起开会，坐在旁边的贾平凹问：你听外边拉锯有几种声音。王蒙说是"嘶喳"，而贾平凹则听到的是"啊哀嘶喳"。这种细致，却是源于对声音的敏感，可能今天的作家难以有这样的体会了吧。

那天下午，与从台北来的作家张典婉坐在街沿上喝茶聊天，她说："在台北没有了这样的叫卖声，想不到在这里还能听得到。"这市声极为寻常，在平日里，我们不知听过了多少遍，且习以为常，却未必去留意它在某一天有可能会丢失。这就如同我们生活中的种种事物，当丢失了以后才发现它的价值所在，这种忽略可能让人少了些鉴赏力。

走在原野里，风吹过树林，或竹林，树叶沙沙作响。又或许雨声，那是想象中的诗意，也难以听到了自然之声，而是有一丝混浊。这一种对声音的迷恋，是源于它的自然而迷人，不染杂质，这也许终究会变成一种高贵。

有部电影叫《听风者》，通过声音辨识世界。这种敏锐的能力还有多少得以延续？有一次，我在山上，住在木屋里。旁边是一条溪流，潺潺水声，夜里风吹过，雨飘过，竟然无法入睡。在黑夜里久违了这自然的声音，真是有点错乱的感觉。

收集这形形色色的声音，看似简单，却也困难。比如有一种被称为天籁的声音，那种纯洁、干净、自然却是轻易遇不到的。并非是我们距离它有多遥远，而是在生活中所充斥着的种种声音

将它遮蔽了。因之，声音污染也就成了常见的现象。

在声音的世界里，最妙不可言的是，流畅的，不管其表现得是快捷还是缓慢，都能让人感受到的律动。当我们对周围的声音缺了了敏感，可能只听到冗杂、沉闷之类的声音，或者充斥着机械的声音，因此人就变得钝感，对周围的事物也缺乏了解的兴趣。好像这个世界原本就是这个样子，无需去探寻就能洞悉它的所有奥秘。

收集声音，不只是对声音的迷恋，而是在这声音中看到了生活中的种种。或许只要留心一些，我们就不难做到收集，但如何才能把声音放大到生活中的不同层面，关照生活中的思想，那是需要对日常生活有足够的理解才能做得好的。

手 作

  上次台湾朋友来玩，带的是一些手工制作的名片夹，小巧，印花布上的图案有些喜庆。据说这样的手工艺品在台湾多得数不胜数，很多地方都开发有自己的创意产品。日本人制作的手工艺品，正像是一件件逸品，透着无限的趣味。手头买了好几种诸如日本手工艺的书，偶尔翻翻，真是惊艳。哪怕是一册《留住手艺》，都让人感叹艺术之美。

  有时闲逛古镇或街巷，总以为像非遗（简单看，应归为手作之一种）这类玩意儿，应该是随处可见。但走过了很多地方，要说遇见喜欢的手工艺品，还真是不多见（恕我见识少了点），大多是身在危机中的手工艺，看不到更多的生命力。这样说，是因为曾跟着去踏访过几回非遗，了解民间手工艺的动态，多是传统的思维，创新的意识没有加入到产品中来，因此，生产出来的手工艺品并非想象的那般美好。

  我猜，这是由于手工艺作为一种吃饭的活计，并没有上升到生活美学的缘故；或者说，在手工艺人看来，并没在制作手工艺的过程中加入自己的情感，而使其沦为普通的商品。再者，手工制作的成本远比机器制作的要高，所以，这也是手工艺品让人不太感冒的原因之一吧。

有一回，我跟设计师钟卫东闲聊，就扯到手作上来，我有一个疑问：为什么我们的手工艺不能更实用一些，是缺乏创意吗？似乎不完全是。手工艺流传到今天，大都有漫长的历史，但其生产方式和创意，却似乎显得更像"古物"才是好的。岂知，手工艺的制作包含的内容千变万化，简单来说，既符合当下的审美趣味，又有历史的传承。他说，设计师在手工艺制作中的作用，还并没有得到更多的重视，"这手艺我们都做了好几辈子，干嘛加进来一些古怪的东西"。这样的识见或许在某种程度上阻滞了手工艺的发展方向。

好在这几年的非遗话题很热，媒体也有所关注，但这终究抵挡不了手工艺品的逐渐消逝。想来真是不可理解，原本那么美好的生活用品，却因为我们的忽略而式微。我看日本人对手作的重视程度，简直是可以看作国粹的，不断地有人记录、整理，将它的整个历史梳理一下，不仅如此，在严肃对待手作的同时，还有一种使命感："努力让它流传下去，这才对得起祖先。"

在传统手工艺上，今天的许多非遗产品看上去就像是生活的必需品罢了。它们的存在是生活的延续，那是生活美学的一部分（经验的累积），即便是一件普通的耕作工具，在山地和平原的模样会有所差异。这一种在地感，才是手作的价值所在。适宜、实用或许正是手作得以延续的可能，假若只是一种观赏品，放在书房里，或博古架上，那就失去了其应有的价值吧。

　　无疑，手作是一件技术活，不仅是手工艺人要严肃地对待，手作控也不妨把新的理念加进来。简单的说，时下的非遗要想发展得更好一点，唯有更新其理念，在传统手工艺的基础上，加入现代的内涵，如此使之更跟这个时代契合，而非仅仅是一种生活的摆设。

到都江堰去看水

　　说起天府之国，就不能不说都江堰，它泽被成都，被誉为是"比长城还伟大的工程"。它不仅是一项重要的水利工程，也是川西水文化的集中展现，也是川西旅游生态资源的集大成者。但到都江堰能玩什么，每次去都江堰，都很少去看看李冰治水的过程。在我，是约上几个朋友，聊聊诗歌，以及坐在南桥边或离堆公园里喝茶闲聊了。

　　成都的水文化很发达，但说起源头是离不开都江堰的。事实上，都江堰作为四川青城山—都江堰风景名胜区的重要组成部分，成都人很难说仅仅看都江堰，更多的或许是奔着青城山而去。拿都江堰的价值来说，不仅仅是作为景区而存在的，更多的是由于它的长期使用，保证了成都人日常生活的供应。1872 年，德国地理学家李希霍芬称赞"都江堰灌溉方法之完善，世界各地无与伦比"。

　　另外，人们在长期实践中创造了都江堰水文化，其内涵深刻，是都江堰工程长盛不衰的重要因素。"乘势利导，因时制宜"的原则，是治理都江堰工程的准则，人们称之为"八字格言"。

都江堰的治水三字经，更是人们治理都江堰工程的经验总结和行为准则："深淘滩，低作堰，六字旨，千秋鉴，挖河沙，堆堤岸，砌鱼嘴，安羊圈，立湃阙，凿漏罐，笼编密，石装健，分四六，平潦旱，水画符，铁椿见，岁勤修，预防患，遵旧制，勿擅变。"而这一准则成了"生态工程"的有效保障，岷江即便是发生再大的水患，也能被都江堰化解掉。

现代人对都江堰的凭吊，可能仅存一个放水节的仪式了。活动很热闹，但是不是就传承了都江堰的水文化呢？似乎也不能这样说。更多的时候，都江堰作为一种名胜存在，去都江堰游玩，却不是去看都江堰，而是去青城山游玩——或许这样的忽略就像玉垒山一样，被认为想当然地存在，不需专门去游玩。

对更多的人来说，到都江堰不是去寻找历史感，李冰在都江堰治水的经历大致来说，应该是耳熟能详的，但说到具体的，怕是很多人难以回答上来了。而坐在南桥边喝茶，看看水流去，听听那水流的声音，倒也是有另外的景致了。或许这正像专家所说的体验与参与，让历史"活"在生活里，这才是对历史的最好态度吧。

话说都江堰四季都可以去旅游，对成都人来说，它是后花园，也是休闲胜地。但都江堰最为引人瞩目的是每年清明节的庙会活动。活动当天，举行模拟杩槎放水仪式和传统的祭祀活动，还举办灯会、大型街头文艺表演、花卉和物资交流会活动。而这只能说是附加在都江堰上的活动，却是在热闹背后的娱乐生活，这也是成都人对生活的致敬。有什么穿越历史、经历沧桑，比当下更为重要的呢。

在青城山爬山

在青城山，去参观寺庙是一种方式，但这更像是精神的需求。在我，更喜欢去爬山，在山林间悠游、散步、奔跑，都成。我猜想，这也是亲近自然的最好方式，远比走马观花地看一下，拍照，有意义得多。在旅行的意义上，我更崇尚那种自然、徜徉在某种氛围中，寻求一种在场感。

但这样的方式越来越稀少了。所以，去青城山的次数总是跟爬山相关，建福宫、天然图画、天师洞、朝阳洞、祖师殿、上清宫……虽然知道它们的所在，却极少踏足进去，非我不太喜欢那种氛围，而是就建筑与风俗而言，青城山给我的感觉更多的是山林木青翠，四季常青，诸峰环峙，状若城廓；又或者是，丹梯千级，曲径通幽，以幽洁取胜。在那里漫步，又岂是"简单"二字所能代表的呢。

虽然爬山是件很爽的事，既能呼吸新鲜空气，也能起到强身健体的作用。但由于时常要买门票，还是让人觉得不爽。好像这景区成了地方部门的私产，外人不得偷窥一般。也正因如此，青城山上才没有人满为患、到处都是拉练的人吧。想到这一层也还真不能确定这是好处，还是坏处了。

第一次去爬山是在春天，三两个人在山上行走，累了，席地而坐，不必担心太赶，反正是走到哪儿都可以驻足观看，是可以娱情的，说说笑笑，那疲劳也是能轻易驱除的。其实这更多的像以爬山的名义来一场春天的恋爱。在山上待了大半天，还是觉得不过瘾，但爬山不正是这不过瘾吸引着一次次去爬山的嘛。如此一想，倒觉得留下些许遗憾也未必是一件坏事了。

爬山的要义在于曲折的山体之上，逼仄的小道，人迹罕至的感觉总是有点清幽的味道。不过，在青城山有自家公园之感，倒不必担心这些，即便是在傍晚，也能看见三三两两的游人，随处可见的动物早不知躲到哪里去了，只留下满山的树影，让人感慨，让人想象。

但如此说青城山就那么完美，也并非如此，规整的石阶，让爬山的野趣都去除了，好像在山上跟大千世界一般充满了俗气。但不管怎么样，我还是更喜欢跑到青城后山去，那里的乐趣更多一些。住在农家乐里，吃喝玩乐且不说，还可以去普照寺看千年古木，亦可以去青峰书院畅想一下岁月的沧桑感，或者去泰安古镇闲步。虽没有爬山之趣，却也有另一番自然风光。

如若早上去爬山，下午是可以赶回来的。在山上的逗留时间好像真是为了爬山而来。这似乎又不全是，更多的是借着爬山的名义与自然亲近，在那个世界里享受俗世中所没有的清澈。但我

更愿意趁着周末去，周六中午赶过去，吃饭玩乐一下，彻底的放松。第二天一早去爬山，在爬山的过程中，自然多了一些情趣，好像那树木经过一夜的洗礼，苏醒过来，对话也就显得有几分轻松。在这样的环境中，爬山才会更有感觉一些吧。

　　不过，这只是爬山的心境不同而已，青城山何尝因为我们情绪的变动而有所改变呢。不管我们爱它恨它，它都在那儿，这倒显得我这样的登山者变得有点浅薄了——忽然想起了六世达赖喇嘛仓央嘉措的语句，有点寂静，有点欢喜：

　　你爱，或者不爱我

　　爱就在那里

　　不增不减

隐居在哪里

西安的吕浩兄建议有时间到终南山做一回隐士，就在山上待着，遐想，任何通讯工具都不需要。这一种彻底境界，我还达不到。所以，还是生活在都市里，继续过着所谓的庸俗生活。

古人说："小隐隐于野，中隐隐于市，大隐隐于朝。"又，白居易有首诗名为《中隐》，其中写道："大隐住朝市，小隐入丘樊。丘樊太冷落，朝市太嚣喧。不如作中隐，隐在留司官。似出复似处，非忙亦非闲。唯此中隐士，致身吉且安。"看来，这隐居原来是大有学问的。

古人的话当然在今天依然有其合理性。隐居在多数时候只是一种姿态，是尚未功成名就时的作派，这其实是梧桐引凤，骨子里还是向往着荣华富贵。那天，我去参加一个文化活动，见一位国学大师，他身穿长衫，足登布鞋，看上去似乎是一位老先生，可说话做事的作派有点像卖萌的国学爱好者。我站在远处旁观，觉得这样的隐士算不上是高人吧。

在山东新泰时，朋友陪着去看了"竹溪六逸"。唐开元二十五

年，李白移家东鲁，与山东名士孔巢文、韩准、裴政、张叔明、陶沔在州的徂徕山竹溪隐居。他们在此纵酒酣歌，啸傲泉石，举杯邀月，诗思骀荡。这也是李白等待皇帝召见时的心态流露吧，因为皇帝到泰山封禅，这里也是重要的一站。

有位朋友从沿海跑到成都的一个古镇上隐居，说隐居也时常到市区里来转转，结交不同的人，这是一种"采气"，让生活过得更舒适一些。隐居一年，收获几多，我不大清楚。只是这以后，他又是飘荡的旅行生活。这种隐居体验，大概是隐居风潮的一种可能。看古人的种种隐居方式，与今天相比，那可真是很传统。今天的不少隐士所继承的可不是传统意义上的隐居，而是一种利益的选择。

隐居在哪里？关键是看心态。修身养性这个词似乎也很少被提到了。如果想发达，就得像诸葛亮那样"躬耕于南阳"，住在乡下，又适宜于"出山"。又或者是住在山里边，不问世事沧桑，耕读传家，也有意思。只是这样可能生活得很清贫，如今又有多少人愿意如此隐居呢？

学者隐于大学校园里，写自己想写的文章，不申请科研项目，不参加评选这个奖那个奖。这种姿态也真是少见，反而在社会上被大众所认同。他们所获得的是陈寅恪所说的"独立之精神，自由之思想"。这样的"隐士"我曾遇见不少，如果说大师的话，我想是有可能会在他们中间产生的。

在都市里隐居，可能是大多数隐士的做法。比如在成都，过得生活悠闲无压力，又能纵观世界，耳听八方。且是"谈笑有鸿儒，往来无白丁"，过得自在。说到底，这隐居是获得人性的解放，而不是过得更拘谨一些。不过，达到这样的境界需要修炼，不说是尝遍了酸甜苦辣，就是职场也见惯了风云突变。这不是心灰意懒，而是懂得了人生的自适。

平时宅在家里看看书、写写文字，有时跟朋友喝茶、聊天，接待来成都的朋友，这简单生活居然也被朋友称为"隐居"。像我这样懒散的人，哪里算得上隐居呢，无非是把生活过得简单一点而已。要说文化理想什么的，可真没多少想法。好吧，不管这算不算是一种隐居，自己过得满足就好。

后记｜民俗上的探秘

对事物的认知，有没有止境？表面上，我们似可穷尽它的种种可能，但限于条件，我们所了解到的常常只是局部，譬如对民俗文化的认知。

2014 年的春天，跟薛冰先生有了一次湖南之行，就民俗学的种种进行了探讨。相较于传统民俗，时下的民俗可谓少之又少，且风光不再的多矣。

怀念旧民俗似乎是难以割舍的论调。关于新旧，谈美静曾说，所有的回顾都有一个危险，那就是我们往往会忘了：是现在的这个"我"，在回顾那段"时间"，而那段"时间"里的那个"我"，却没有发言权；我们总是说"我"愿意回到当初，却忘了当初的那个"我"，并不愿意留在原地，所以怀旧永远是不公平的。因此，我要提醒自己，寻问古早味，不是为了回到过去，只是为了想清楚，除了"成住坏空"的感慨，我们还可以把什么带到将来，还有什么情感与精神值得我们细心呵护至将来，那不得不来的将来。更重要的是，我们希望能借此发现，与金钱无关的

"奢侈品"，与收入无关的精致人生，以及那些与岁月无关的日久弥新。

那么，在当下的民俗学中，随着时间的流逝，对民俗的研究又有怎样的表现？这也值得关注。不过，就社会学意义上的演变，民俗是动态的，因之，它才有趣。但忽略掉了这种变化，即便得出客观的结论，也与民俗学无关的吧。

不管如何，对民俗学的研究，是基于个人的体认。像这本书所写到的灯会、盆景、古琴等，如果仔细梳理，应该是一册书才能够说明的吧。这也就是说，我们所谈论的民俗思考，只是局部而已。

薛冰先生对城市历史、地理、社会学等，都有深入的探讨，因之他观察城市变化也就更客观，从细部出发，研究城市肌理变化，也是耐人寻味的事。

扩大了看，我们对城市，特别是生活的所在，所谓的熟悉，不过是以"我"的视角熟悉，许多地方也是充满了未知。

城市的迷人之处也是在这里。这也是我近年来痴迷于不同城市文化细部探索根由之一。在不同的城市（区域）中，不同的人书写，也是件有意思的事。那不只是故事的趣味，也包含了一个人的审美趣味。

哎，原来是这么回事。读完某一册书会有这样的感慨。但翻开另一册与此相关的书，结论迥异，真是好奇。但那也是有恰当的理由，结论也公允。这种阅读的奇妙之处就在于能够给人以启示。

　　那么，放到民俗里来看，也确实会有这样的感慨。

　　在写作《好玩成都》的过程，亦是沉迷于种种民俗过程之中，也是理所应当的事。但仅仅是沉迷，则无法弄清楚历史的真相。

　　民俗的真相是什么？是流风民俗，是吃喝玩乐，也是社会风情的实际倒映吧。在此书中，引用了种种资料，这是很可感谢作者们劳作的地方。倘若没有许多丰富的记录，一个城市的民俗学就无法建构。

　　成都的民俗学，当然不是这册书所能探讨的重点。或者说，这里所做的尝试是在记录成都民俗的流变。但就这一过程，也是充满了故事。成都的历史特性包括战乱、人口迁移，造成了民俗的不断演进。但不管怎样，民俗一定是伴随着社会风气而发生变化的。不仅如此，我们对待民俗，也不应仅仅是以今天的视角来打量，而要回复到它所赖以存在的现实语境当中，才能发现它并不是过时的，只是应运而生的吧。

　　由此观察社会学上的民俗变迁，也就更具客观，也能从多元和丰富处看出社会形态，不同的人们是如何和谐共生的。

　　那么，从这里我们会发现，成都民俗的演变，全部依赖于成都人。这一客观主体之上的，正是他们的性情、喜好，形成了社会风气，乃至于城市精神吧。

　　这在民俗审美学上也是件繁复而有趣的事，不过要洞察其中的奥秘，唯有贴身的观察才能发现它的美好与不足。

如此一想，便不难理解城市的生活场景。当我们穿越了历史时空，看见成都这座城市的区域空间当中所上演的种种故事，也就是成都的文化积淀了。

不管如何，这里所提供的是一种尝试与探索。

从此出发，探秘，也许就可以寻找到所谓的成都味。那么，能从中收获到这虚度，是作者愿意看到的。

二〇一七年八月二十八日